QUOTE UNQUOTE

French

QUOTE UNQUOTE

French

Edited by
ANTHONY LEJEUNE

STACEY
INTERNATIONAL

Stacey International
128 Kensington Church Street
London W8 4BH
Telephone: +44 (0)20 7221 7166 Fax: +44 (0)20 7792 9288
Email: info@stacey-international.co.uk
www.stacey-international.co.uk

First published by Stacey International in 1998
as part of *The Concise Dictionary of Foreign Quotations*

© Stacey International 2008

ISBN: 978-1-90529955-3

Series editor: Anthony Lejeune
Assistant editor: Kitty Carruthers

British Library Cataloguing-in-Publication Data
A catalogue record for this publication is available from
the British Library

PUBLISHER'S PREFACE

'On ne voit bien qu'avec le coeur,' observed Antoine de Saint-Exupéry ('We only see clearly with our hearts'). To prosaic Anglo-Saxons, French has ever been the language of small 'r' romance, or *grande passion* to the more extrovert. Yet, as this little book shows, there is more to French quotations than ardent feelings of *amour*.

Politics, for instance. The volatility of French political life is ever present in the following pages. Only the French could coin semi-official slogans for anarchic revolutions. *Liberté! Egalité! Fraternité!* (the rallying chant for the 1789 revolution) has come to epitomise an Anglicised view of French restlessness. French students, too, forming the front line of revolts across Europe in the late 1960s, marched to a staunchly libertarian 'Il est interdit d'interdire' ('Forbidding is forbidden').

With these slogans and mottos, the French have long been well equipped to play a central role in European politics. De Gaulle's vision of a united Europe, for instance, 'L'Europe des états' ('A Europe of *separate* nations'), our politicians could perhaps do well to remember today. So *vive la révolution*.

French was also, of course, the language of the English establishment following the Norman invasion through the late middle ages. Hence we find a smattering of quips and mottos from Court north of the Channel: *Honi soit qui mal y pense*, Edward III's Order of the Garter, remains to this day the official 'caution against evil' encircling the royal coat of arms.

Yet the old rivals cross swords most productively not in the realm of politics so much as the wider tradition of the *entente cordiale*: that rich mine of witty aspersions down the ages. Like neighbours bickering over a privet hedge, France and England cheerfully toss insults across the Channel, while each quietly plunders a sprig here, a bloom there, to adorn a sparse corner of his own lexicon (think 'weekend' and 'sandwich' from the one side; 'cuisine' and 'entrepreneur' from the other).

There is more wholesome contemptuousness in 'Les Anglais s'amusent tristement selon l'usage de leur pays' ('The English take their pleasures sadly after the fashion of their country'), and Montesquieu's 'Les Anglais sont occupés; ils n'ont pas le temps d'être polis' ('The English are busy; they don't have time to be polite').

Christopher Ind
September 2007

Anon

Au clair de la lune,
Mon ami Pierrot,
Prête-moi ta plume
Que j'écrive un mot.
Ma chandelle est morte,
Je n'ai plus de feu;
Ouvre-moi ta porte,
Pour l'amour de Dieu.

In the moonlight, Pierrot my friend, lend me your pen so that I can write a note. My candle has gone out and I have no more light. Open your door, for the love of God.

Folksong

Ça ira.

Things will work out.

French revolutionary song (A phrase perhaps borrowed from Benjamin Franklin.)

Cet animal est très méchant.
Quand on l'attaque, il se défend.

This animal is very naughty. When attacked, it defends itself.

Originally from a comic song

Chevalier sans peur et sans reproche.

A knight fearless and blameless.

Description of Pierre Bayard in the old chronicles

Dame dynamite, que l'on danse vite...
Dansons et chansons et dynamitons!

Dame Dynamite, quick, let's dance…
Let's dance and sing and blow everything up!
French anarchist song of the 1880s

Eminence grise.
Grey eminence. (A person who exercises power or
influence without holding office.)
*Expression, originally of Cardinal Richelieu's private
secretary, Père Joseph*

Honi soit qui mal y pense.
Shame on him who evil thinks.
Motto of the Order of the Garter

Il est interdit d'interdire.
Forbidding is forbidden.
Slogan of the 1968 student revolt

Il ne faut pas être plus royaliste que le roi.
One should not be more royalist than the king.
Phrase dating from the time of Louis XVI

Ils ne passeront pas.
They shall not pass.
French army slogan during the defence of Verdun

Il réussit, celui que Dieu protège.
He succeeds whom God protects.
La Chanson de Roland

Je suis Marxist – tendance Groucho.
I am a Marxist – of the Groucho variety.
  Graffiti in Paris, 1968

Je suis une brave poule de guerre – je mange peu et produis beaucoup.
I am a fine wartime hen – I eat little and produce a lot.
  First World War poster showing a hen with a large number of eggs

Le roi le veut.
The king wishes it.
  Formula of royal assent

Les Chrétiens ont droit, les Païens ont tort.
Christians are right, pagans are wrong.
  La Chanson de Roland

Liberté! Egalité! Fraternité!
Liberty! Equality! Brotherhood!
  Motto of the French Revolution

Ne vaut pas le détour.
Not worth the trouble. (Lit. not worth the detour.)
  Michelin guidebooks

Nous n'irons plux aux boix,
Les lauriers sont coupes.
We'll go no to the woods no more, the laurels are cut down.
  Nursery rhyme

Race ennemie, trop perfide Albion!
Enemy race, most perfidious Albion!
   Song composed during the Napoleonic War

Roland est preux et Olivier est sage.
Roland is gallant and Oliver is wise.
   La Chanson de Roland

Soldats de la légion,
De la Légion Etrangère,
N'ayant pas de nation,
La France est votre Mère.
Soldiers of the legion,
The Foreign Legion,
With no country of your own,
France is your Mother.
   War song of the Legion

Taisez-vous! Méfiez-vous! Les oreilles enemies vous
écoutent.
Be silent! Be suspicious! Enemy ears are listening.
   First World War poster

Vieux époux,
Vieux jaloux,
Tirez tous
Les verrous.
Old husband, jealous old man, be sure to shoot all the
bolts.
   Song

4

Abbé d'Allainval (1700-53)

L'embarras de richesses.
An embarrassment of riches.
   Title of comedy

Alain-Fournier (1886-1914)

Un homme qui a fait une fois un bond dans le Paradis,
comment pourrait-il s'accommoder ensuite de la vie de tout
le monde?
How can a man who has once made a leap into
Paradise accommodate himself again to everyday life?
   Le Grand Meaulnes

Anne of Austria, wife of Louis XIII (1601-66)

Mon prix n'est pas dans ma couronne.
My value does not lie in my crown.

Guillaume Apollinaire (1880-1918)

La géométrie est aux arts plastiques ce que la grammaire
est à l'art de l'écrivain.
Geometry is to the plastic arts what grammar is to the
art of the writer.
   Les Peintres Cubistes

Vienne la nuit, sonne l'heure,
Les jours s'en vont, je demeure.
The night may come, the hour may strike, the days pass,
I remain.
   Le Pont Mirabeau

Louis Aragon (1897-1982)

La rose nâit du mal qu'a le rosier
Mais elle est la rose.

The rose is born of the rosebush's pain, but it is still a rose.

Le Roman Inachevé

On sait que le propre du genie est de fournir des idées aux crétins une vingtaine d'années plus tard.

We know that the peculiar function of genius is to provide cretins with ideas twenty years later.

Traité du Style

Marquis d'Argenson (1694-1757)

Laisser-faire.
No interference.

Jacques Audiberti (1820-89)

La Révolution? Je suis un homme d'affaires.
La Révolution est une affaire comme les autres.

The Revolution? I am a businessman.
Revolution is a business like any other.

La Poupée

Les armes n'ont pas d'opinion.
Arms have no [political] view.

Ibid.

Emile Augier (1820-89)

Marquis: *Mettez un canard sur un lac au milieu des cygnes, vous verrez qu'il regrettera sa mare et finira par y retourner.*

6

Montrichard: *La nostalgie de la boue!*
Marquis: Put a duck on a lake in the midst of swans, and you'll see he misses his pond and will eventually return to it.
Montrichard: Longing to be back in the mud!
   Le Mariage d'Olympe

Jean de Baïf (1532-89)
Où la valeur, la courtoisie.
Where there is valour there is courtesy.
   Mimes, Enseignements et Proverbes

Adrien Baillet (1649-1706)
Les pierres parlaient pour lui.
The stones spoke for him.

Honoré de Balzac (1799-1850)
Saluez-moi, car je suis tout simplement en train de devenir un génie.
Salute me, for I am quite simply in the process of becoming a genius.
   Writing to his sister

Théodore de Banville (1823-91)
C'est la sagesse! Aimer le vin,
La beauté, le printemps divin,
Cela suffit. Le reste est vain.
Here is wisdom: to love wine, beauty and the divine Spring. That is enough, the rest is worthless.
   Adolphe Gaïffe

Charles Baudelaire (1821-67)

Hypocrite lecteur – mon semblable – mon frère!
Hypocritical reader – my fellow – my brother!
  Les Fleurs du Mal

Il faut épater les bourgeois.
One must shock the bourgeoisie.

L'art est long et le temps est court.
Art is long and time is short.
  Le Guignon

Le Diable
Fait toujours bien ce qu'il fait.
The devil always does everything well.
  L'Irrémédiable

Le poète est semblable au Prince des Nuées,
Qui hante le ciel et rit de l'archer;
Exile sur le sol au milieu des huées,
Ses ailes de géant l'empêchent de marcher.
The poet is like the Prince of Clouds, who lives in the sky
and laughs at the archer; exiled on earth and surrounded
by jeers, his giant's wings prevent him from walking.
  L'Albatros

Tes yeux sont la citerne où boivent mes ennuis.
Your eyes are the well from which my troubles drink.
  Sed Non Satiata

Beaumarchais (1732-99)

*Ainsi va le monde; on travaille, on projette, on arrange
d'un côté; la fortune accomplit l'autre.*
That's the way of the world; we work, we plan, we
manoeuvre one way; fate ends it in another.

   Le Mariage de Figaro

*C'est une belle langue que l'anglais; il en faut peu pour
aller loin.*
English is a fine language; a little goes a long way.

   Ibid.

En fait d'amour, vois-tu, trop n'est pas même assez!
With love, you see, even too much is not enough.

   Ibid.

*Je me presse de rire de tout, de peur d'être obligé d'en
pleurer.*
I make myself laugh at everything, for fear of having to
weep at it.

   Le Barbier de Seville

*L'homme, sans plaisir,
Vivrait comme un sot
Et mourrait bientôt.*
Without pleasure, man would live like a fool and die
early.

   Ibid.

La colère est bonne à rien.
Anger will get you nowhere.

   Le Mariage de Figaro

La jalousie n'est qu'un sot enfant de l'orgueil.
Jealousy is just a foolish child of pride.
   Ibid.

Le vent qui éteint une lumière allume un brasier.
The wind can blow out a light and light a brazier.
   Le Barbier de Séville

Prouver que j'ai raison serait accorder que je puis avoir tort.
To prove that I am right would mean agreeing that I
could be wrong.
   Le Mariage de Figaro

*Quand on cède à la peur du mal, on ressent déjà le mal de
la peur.*
When we yield to the fear of evil, we already feel the
evil of fear.
   Le Barbier de Séville

Un homme sage ne se fait point d'affaires avec les grands.
A wise man has no dealings with the great.
   Le Mariage de Figaro

Simone de Beauvoir (1908-86)
*Les femmes d'aujourd'hui sont en train de détrôner le
mythe de la féminité.*
Women of today are overthrowing the myth of feminity.
   Le Deuxième Sexe

Un enfant, c'est un insurgé.
A child is a rebel.
   Ibid.

Samuel Beckett (1906-89)
Quelle catastrophe!
What a catastrophe!
   On hearing that he had won the Nobel Prize.

Joachim du Bellay (1522-60)
France, mere des arts, des armes et des lois.
France, mother of arts, arms and law.

Heureux qui comme Ulysse a fait unbeau voyage
Ou comme celui-là qui conquit la toison,
Et puis est retourné, plein d'usage et raison,
Vivre entre ses parents le reste de son âge.
Happy is he who, like Ulysses, has journeyed well,
Or like him who found the golden fleece,
And returned, full of experience and wisdom,
To dwell among his fathers for the rest of his life.
   Les Regrets

Julien Benda (1867-1956)
La trahison des clercs.
The treachery of the intellectuals.
   Title of book

Cyrano de Bergerac (1619-55)
Il y a malgré vous quelque chose
Que j'emporte, et ce soir, quand j'entrerai chez Dieu,
Mon salut balayera largement le seuil bleu,
Quelque chose que sans un pli, sans une tache,
J'emporte, malgré vous ... et c'est ... mon panache!
There is, in spite of you, one thing that I take with me, and
tonight, when I enter God's house, sweeping a salute on

11

its blue threshold, I shall take with me something without crease or stain, in spite of you ... and it is ... my panache!

Edmond Rostand

On peut être pendu sans corde.
One can be hanged without a rope.

Poésies

Qu'il fût né d'un grand Roi, moi d'un simple Pasteur,
Son sang auprès du mien est-il d'autre couleur?
Though his father was a great king and mine a simple shepherd, is his blood a different colour from mine?

La Mort d'Agrippine

Louis Bertrand (1866-1941)
La poésie est semblable à l'amandier; ses fleurs sont parfumées et ses fruits sont amers.
Poetry resembles an almond tree; its blossom is perfumed but its fruit is bitter.

Gaspard de la Nuit

Maximilien de Béthune (1560-1641)
Les Anglais s'amusent tristement selon l'usage de leur pays.
The English take their pleasures sadly after the fashion of their country.

Jean Blanc
Pour chaque indigent qui pâlit de faim, il y a un riche qui pâlit de peur.
For each beggar, pale with hunger, there is a rich man, pale with fear.

Organisation du Travail

Marshall Blücher (1742-1819)
Quelle affaire!
What a business!
> *Meeting Wellington at Waterloo*

Maréchal Bosquet (1645-96)
C'est magnifique, mais ce n'est pas la guerre.
It's magnificent, but it is not war.
> *about the charge of the Light Brigade*

Anthelme Brillat-Savarin (1755-1826)
Dis-moi ce que tu manges, je te dirai ce que tu es.
Tell me what you eat and I will tell you what you are.
> *Physiologie du Goût*

Jean de la Bruyère (1645-96)
D'où vient que l'on rit si librement au théâtre, et que l'on a honte d'y pleurer?
How is it that we laugh so freely at the theatre but are embarrassed to weep there?
> *Des Ouvrages de L'Esprit*

Il n'y a pour l'homme que trois événements: naître, vivre et mourir. Il ne se sent pas naître, il souffre à mourir, et il oublie de vivre.
There are only three events for man: birth, life and death. He is not aware of his birth, suffers at death, and forgets to live.
> *Les Characteres*

L'amour et l'amitié s'excluent l'un l'autre.
Love and friendship are incompatible.
   Ibid.

L'on voit des hommes tomber d'une haute fortune par les mêmes défauts qui les y avaient fait monter.
Men can be seen to fall from high estate through the same failings that caused them to rise.
   Ibid.

Le commencement et le déclin de l'amour se font sentir par l'embarras où l'on est de se trouver seuls.
The onset and the waning of love make themselves felt in the uneasiness experienced at being alone together.
   Ibid.

Le temps, qui fortifie les amitiés, affaiblit l'amour.
Time, which strengthens friendships, weakens love.
   Ibid.

Qu'il est difficile d'être content de quelqu'un!
How difficult it is to be satisfied with someone.
   Ibid.

Un beau visage est le plus beau de tous les spectacles; et l'harmonie la plus douce est le son de voix de celle que l'on aime.
A beautiful face is the most pleasing of sights; and the sweetest harmony is to hear the voice of her whom one loves.
   Ibid.

George-Louis Leclerc, Comte de Buffon (1707-88)
Le genie n'est qu'une plus grande aptitude à la patience.
Genius is only a greater aptitude for patience.
> *Voyage à Montbar*

Le style est l'homme même.
A man's style is the man himself.
> *Discours sur le Style*

Charles Alexandre de Calonne (1734-1802)
Madame, si c'est possible, c'est fait; impossible? cela se fera.
Madam, if a thing is possible, consider it done; the impossible? that will be done. (Better known as the US Army slogan: 'The difficult we do immediately; the impossible takes a little longer.')

Jean Calvin (1509-64)
Leur ventre leur est pour dieu, la cuisine pour religion.
Their stomach serves them as a god, food as a religion.
> *Institution de la Religion Chrétienne*

Nous doit aussi souvenir que Satan a ses miracles.
We must also bear in mind that Satan has his miracles.
> *Ibid.*

Pierre, Baron de Cambronne (1770-1842)
La Guarde muert, mais ne se rend pas.
The Guards die but do not surrender.
> *Attrib. when called on to surrender at Waterloo, but later denied by him*

Albert Camus (1913-60)

Il y a dans les hommes plus de choses à admirer que de choses à mépriser.

There are more things to admire than to scorn in man.

   La Peste

La politique et le sort des hommes sont formés par des hommes sans idéal et sans grandeur. Ceux qui ont une grandeur en eux ne font pas de politique.

Politics and the fate of mankind are decided by men without ideals or greatness. Those who have greatness in them do not take part in politics.

   Carnets

Nous n'éprouvons pas des sentiments qui nous transforment, mais des sentiments qui nous suggérent l'idée de transformation.

We do not experience feelings that transform us, but feelings that suggest the idea of transformation to us.

   Ibid.

Toutes les revolutions modernes on abouti à un renforcement de l'État.

All modern revolutions have led to a strengthening of the State.

   L'Homme Revolté

Catherine the Great (1729-96)

Moi, je serai autocrate: c'est mon métier. Et le bon Dieu me pardonnera: c'est son métier.

I shall be autocratic: that's my business. And God will forgive me: that's his business.

Célestine
Un beau crime m'empoigne comme un beau mâle.
A fine crime thrills me like a handsome man.
  Le Journal d'une Femme de Chambre (1900)

Della Cerda (1899-1978)
Toujours present, rarement présenté, et jamais présentable.
Always present, rarely presented and never presentable.
  Happy Summer Days (of family friends)

Nicholas-Sébastien Chamfort (1741-94)
Dieu a recommandé le pardon des injures, il n'a point recommandé celui des bienfaits.
God has enjoined that we pardon injuries, but not that we pardon kindnesses.
  Caractères et Anecdotes

Il y a une mélancholie qui tient à la grandeur de l'esprit.
There is a melancholy that comes from greatness of mind.
  Maximes et Pensées

J'ai conclu que le repos, l'amitié et la pensée étaient les seuls biens qui convinssent à un homme qui a passé l'âge de la folie.
I concluded that rest, friendship and thought were the only suitable pleasures for a man who has passed the age of folly.
  Caractères et Anecdotes

L'ambition prend aux petites âmes plus facilement qu'aux grandes, comme le feu prend plus aisément à la paille des chaumières qu'aux palais.
Ambition seizes small minds more readily than great, just as thatched cottages catch fire more easily than palaces.
Maximes et Pensées

L'homme arrive novice à chaque âge de la vie.
Man enters each stage of life as a novice.
Caractères et Anecdotes

La célébrité est le châtiment du mérite et la punition du talent.
Fame is the chastisement of merit and the punishment of talent.
Maximes et Pensées

La générosité n'est que la pitié des âmes nobles.
Generosity is just the pity of noble spirits.
Ibid.

La plus perdue de toutes les journées est celle où l'on n'a pas ri.
The days most wasted are those during which we have not laughed.
Ibid.

La vie contemplative est souvent misérable. Il faut agir davantage, penser moins, et ne pas se regarder vivre.
The contemplative life is often miserable. We should do more, think less, and not watch ourselves living.
Ibid.

Un vrai chrétien n'examine point ce qu'on lui ordonne de croire.
A true Christian never questions what he has been told to believe.
   Caractères et Anecdotes

Charles d'Orléans (1394-1465)
Je suis celui au coeur vêtu de noir.
I am he whose heart is clothed in black.
   Ballades

Charles-Joseph, Prince de Ligne (1735-1814)
Le congrès ne marche pas; il danse.
The Congress makes no progress; it dances.
   About the Congress of Vienna

Chateaubriand (1768-1848)
Le temps ne s'arrête pour admirer la gloire; il s'en sert and passe outre.
Time does not stop to admire glory; it uses it and passes on.
   Les Quatre Stuarts

Les moments de crise produisent un redoublement de vie chez les hommes.
Moments of crisis produce a redoubling of life in man.
   Mémoires d'Outre-Tombe

Plus le visage est sérieux, plus le sourire est beau.
The more serious the face, the more beautiful the smile.
   Ibid.

Tout arrive par les idées; elles produisent les faits, qui ne leur servent que d'enveloppe.
Everything happens through ideas; they produce deeds, which serve them as a covering.
   Analyse Raisonnée de l'Histoire de France

Claudel (1868-1955)
Ce n'est point le temps qui manqué, c'est nous qui lui manquons.
It is not time that is short but we who waste it.
   Le Partage de Midi

Exactement ce qu'en dit le catéchisme: ni plus, ni moins.
Precisely what the Church teaches, neither more nor less.

Georges Clemenceau (1841-1929)
Il est plus facile de faire la guerre que la paix.
It is easier to make war than peace.
   Speech at Verdun, July 1919

L'homme absurde est celui qui ne change jamais.
The absurd man is he who never changes.
   Discours de Guerre

La guerre, c'est une chose trop grave pour la confier à des militaires.
War is too serious a matter to entrust to military men.

Jean Cocteau (1889-1963)

Je n'aime pas dormir quand ta figure habite,
La nuit, contre mon cou;
Car je pense à la mort laquelle vient si vite
Nous endormir beaucoup.

I do not like to sleep when your body lies against mine at night, for I think of death which comes so quickly to put us thoroughly to sleep.

Plain-Chant

S'il faut chosir un crucifié, la foule sauve toujours Barabbas.

If it has to chose who shall be crucified, the mob will always save Barabbas.

Le Coq et l'Arlequin

Colette (1873-1954)

Le vice, c'est le mal qu'on fait sans plaisir.

Vice is the evil we do without pleasure.

Claudine en Ménage

Les femmes libres ne sont pas des femmes.

Free women are not women.

Claudine à Paris

On n'écrit pas un roman d'amour pendant qu'on fait l'amour.

One does not write a love story while making love.

Lettres au Petit Corsaire

Pierre Corneille (1606-84)

A vaincre sans péril, on triomphe sans gloire.

To win without danger is to triumph without glory.

Le Cid

Faites vos devoirs, et laissez faire aux dieux.
Do your duty and leave the rest to the gods.
  Horace

J'ai vécu pour ma gloire autant qu'il fallait vivre,
Et laisse un grand exemple à qui pourra me suivre.
I have lived as I should for my glory, and leave a great
example for any who can follow.
  Suréna

L'obéissance est un métier bien rude.
Obedience is a hard trade.
  Nicomède

Le combat cessa faute de combattants.
Battle ceased for want of combattants.
  Le Cid

Le crime fait la honte, et non pas l'échafaud.
It is the crime which shames, not the scaffold.
  Le Comte d'Essex

Le malheur succède au bonheur le plus doux.
Misfortune follows the sweetest happiness.
  Horace

Les visages souvent sont de doux imposteurs.
Faces are often sweet imposters.
  Le Menteur

Mourir pour le pays n'est pas un triste sort: c'est
s'immortaliser par une belle mort.

To die for your country is not a sad fate: a fine death
brings you immortality.
Le Cid

Mourrant sans déshonneur, je mourrais sans regret.
Dying without dishonour, I die without regret.
Ibid.

On n'aime point à voir ceux à qui l'on doit tout.
We do not like to see those to whom we owe
everything.
Nicomède

Qui n'a fait qu'obéir saura mal commader.
He who has only ever obeyed will make a bad leader.
Pulchérie

Qui pardonne aisément invite à l'offenser.
He who forgives easily invites insult.
Cinna

Qui se vainc une fois peut se vaincre toujours.
He who controls himself once can always control himself.
Titus et Bérénice

Ta gloire est dégagée, et ton devoir est quitte.
Your glory is earned, your duty discharged.
Le Cid

Un premier mouvement ne fut jamais un crime.
An impulse was never a crime.
Horace

Votre coeur est à moi, j'y règne; c'est assez.
Your heart is mine, I rule there; it is enough.

   Titus et Bérénice

Vous ne connaissez point ni l'amour ni ses traits;
On peut lui résister quand il commence à naître,
Mais non pas le bannir quand il s'estrendu maître.
You do not at all understand either love or its
characteristics; you can resist it when it first begins to
grow, but not banish it once it has mastered you.

   Horace

Le Corbusier (1887-1965)
Une maison est une machine-à-habiter.
A house is a machine for living in.

   Vers une architecture

Mme Cornuel (1605-94)
Il n'y a point de héros pour son valet de chamber.
No man is a hero to his valet.

Baron Pierre de Coubertin (1863-1937)
L'important dans ces olympiades, c'est moins d'y gagner que
d'y prendre part.
The important thing about the Olympics is not so
much winning as taking part.

Emile Coué (1857-1926)
Tous les jours, à tous points de vue, je vais de mieux en
mieux.
Every day, in everyway, I am getting better and better.

Gustave Courbet (1819-77)
Les gens qui prient perdent du temps.
People who pray waste time.
   Manuscrit

Georges Courteline (1858-1929)
La femme ne voit jamais ce que l'on fait pour elle, elle ne voit que ce qu'on ne fait pas.
Women never notice what is done for them, only what is not done.
   La Paix Chez Soi

Couteli
Nous mourrons de la correction!
We are dying of accuracy!
   Remarks

Georges Jacques Danton (1759-94)
De l'audace, et encore de l'audace, et toujours de l'audace.
Boldness, and again boldness, always boldness.

Alphonse Daudet (1840-97)
Méfie-toi de celui qui rit avant de parler!
Beware of him who laughs before speaking.
   Tartarin sur les Alpes

Toutes les balles ne tuent pas.
Not all bullets kill.
   Ibid.

Claude Debussy (1862-1918)

Voir le jour se lever est plus utile que d'entendre la Symphonie Pastorale.

Seeing the day dawn is more useful than hearing the Pastoral Symphony.

Monsieur Croche Antidilettante

Mme du Deffand (1697-1780)

Ah, je le répète sans cesse, il n'y a qu'un malheur, celui d'être né!

I keep on repeating again and again that there is only one misfortune, being born.

La distance n'y fait rien; il n'y a que le premier pas qui coûte.

The distance is nothing; it is only the first step that counts.

About the legend that St Denis walked two leagues, carrying his head in his hands

René Descartes (1596-1650)

Je pense donc je suis.

I think therefore I am.

Discours de la Méthode

Je suis comme un milieu entre Dieu et le néant.

I am a kind of medium between God and nothing.

Ibid.

Le premier précepte était de ne recevoir jamais aucune chose pour vraie que je ne la connusse évidement être telle.

The first rule was never to accept anything as true which I did not manifestly know to be such.

Ibid.

Mais qu'est-ce donc que je suis? Une chose qui pense.
Qu'est-ce qu'une chose qui pense?
But what is it then that I am? A thing that thinks.
What is a thing that thinks?
   Ibid.

Desbordes-Valmore (1786-1859)
Vous aviez mon coeur,
Moi, j'avais le vôtre;
Un coeur pour un coeur,
Bonheur pour bonheur!
You had my heart and I had yours; a heart for a heart,
happiness for happiness.

Philippe Desportes (1546-1606)
Le ciel fut son désir, la mer sa sépulture: est il plus beau
dessin, ou plus riche tombeau?
The heavens were his aim, the sea his sepulchre:
could there be a finer aim or a richer tomb?
   Icare

Destouches
Les absents ont toujours tort.
The absent are always in the wrong.

Sergei Diaghilev (1872-1929)
Etonne-moi.
Astonish me.
   To Cocteau

Denis Diderot (1713-84)

A quoi que ce soit que l'homme s'applique, la nature l'y destinait.
Whatever man turns to, nature destined him for.
   Le Neveu de Rameau

L'esprit d'escalier.
The witticism you think of only when it's too late.
(Lit. when going downstairs.)

La soirée n'est jamais plus belle pour moi que quand je suis content avec ma matinée!
The evening is never more lovely for me than when I am satisfied with my morning.
   Le Neveu de Rameau

La voix de la conscience et de l'honneur est bien faible, lorsque les boyaux crient.
The voice of conscience and honour is pretty weak when the stomach complains.
   Ibid.

Le mort n'entend sonner les cloches.
The dead do not hear the funeral bells.
   Ibid.

On risque autant à croire trop qu'à croire trop peu.
It is as dangerous to believe too much as to believe too little.
   Etrennes des Esprits Forts

*Ordinairement la grandeur de caractère résulte de la
balance naturelle de plusieurs qualités opposées.*
Greatness of character is usually due to an innate
balance of opposing qualities.
  Le Neveu de Rameau

Alexandre Dumas (1824-95)
Cherchez la femme
Look for the woman.
  Les Mohicans de Paris, Attrib. Joseph Fouché

J'ai violé l'histoire, mais je lui ai fait des enfants!
I raped history, but at least I gave her children!

Tous pour un, un pour tous.
All for one and one for all.
  Les Trois Mousquetaires

*Une idée c'est un nain géant qu'il faut surveiller nuit et
jour; car l'idée qui rampait hier àvos pieds demain
dominera votre tête.*
An idea is a young giant that needs to be watched day
and night, for the idea which yesterday crawled at
your feet, tomorrow will fill your head.
  La Dame de Monsoreau

Maréchal Dumouriez (1739-1823)
*Les courtisans qui l'entourent n'ont rien oublié et n'ont rien
appris.*
The courtiers who surround him have forgotten
nothing and learned nothing.
  About Louis XVIII; (also attributed to Talleyrand)

Marguerite Duras (1914-96)
Les erreurs de langage sont des crimes.
Errors of language are crimes.
  Petits Chevaux de Tarquinia

Paul Eluard (1895-52)
Adieu tristesse
Bonjour tristesse
Tu es inscrite dans les lignes du plafond.
Farewell sadness
Good morning sadness
You are inscribed in the lines of the ceiling.
  A peine défigurée

Boöz Endormi
Et l'on voit de la flamme aux yeux des jeunes gens,
Mais dans l'oeil du vieillard on voit de la lumière.
In the eyes of youth we see a flame, but in the eyes of
the old we see light.

Erasmus (c 1466-1536)
Mauvaise herbe croît toujours.
Weeds always flourish.
  Adages

Henri Estienne (1528-98)
Si jeunesse savoit; si vieillesse pouvoit.
If the young only knew, if the old only could.
  Epigrams

Empress Eugénie of France (1826-1920)
Le vin est tiré, il faut le boire.
The wine is poured, we must drink it.
> *To Napoléon Ill's surgeon, who told him he was too ill to
> lead his army*

Feuron
Jeunesse dorée.
Gilded youth.
> *About the Dandies of 1714*

Georges Feydeau (1862-1921)
*Comme il n'y a pas de fumée sans feu ... il n'y a pas de feu
sans allumage!*
Just as there is no smoke without fire, there is no fire
without a spark.
> *La Dame de Chez Maxim's*

Jean-Piere Claris de Florian (1755-94)
*Plaisir d'amour ne dure qu'un moment, chagrin d'amour
dure toute la vie.*
The joy of love lasts only a moment, the pain of love lasts
a lifetime.
> *Celestine*

Marshall Foch (1851-1928)
*Mon centre cède, ma droite recule, situation excellente,
j'attaque.*
My centre gives way, my right retreats, situation
excellent, I attack.
> *During the first Battle of the Marne*

Jean de La Fontaine (1621-95)

A l'oeuvre on connaît l'artisan.
A craftsman is recognized by his work.
> *Les Frelons et les Mouches à Miel*

Amour, amour, quand tu nous tiens,
On peut bien dire: Adieu, prudence!
Love, when we are in your grip, we may well say,
Farewell, caution.
> *Le Lion Amoureux*

Aucun chemin de fleurs ne conduit à la gloire.
The road to glory is not strewn with flowers.
> *Les Deux Aventuriers et le Talisman*

C'est double plaisir de tromper le trompeur.
It is doubly pleasing to deceive the deceiver.
> *L'Enfouisseur et son Compère*

Chacun a son défaut où toujours il revient. Honte ni peur
n'y remédie.
Everyone has recurring faults; neither shame nor fear
can remedy them.
> *L'Ivrogne et sa Femme*

De loin c'est quelque chose, et de près ce n'est rien.
What seems important from a distance may prove
insignificant close to.
> *Le Chameau et les Bâtons Flottants*

De tout inconnu le sage se méfie.
The wise man distrusts everything unknown.
   Le Renard, le Loup et le Cheval

Dieu fait bien ce qu'il fait.
What God does he does well.
   Le Gland et la Citrouille

En toute chose il faut considérer la fin.
Consider the outcome of every action.
   Le Renard et le Bouc

Entre nos ennemis, les plus à craindre sont souvent les plus petits.
The enemy to fear most is often the smallest.
   Le Lion et le Moucheron

Fortune aveugle suit aveugle hardiesse.
Blind luck follows blind audacity.
   Les Deux Aventuriers et le Talisman

Il est bon d'être charitable; Mais envers qui, c'est là le point.
It is good to be charitable; but to whom, that's the point.
   Le Villageois et le Serpent

L'avarice perd tout en voulant tout gagner.
Avarice loses all in trying to win all.
   La Poule aux Oeufs d'Or

La mort ne surprend point le sage;
Il est toujours prêt à partir.
Death does not surprise the wise man; he is always
ready to go.
   La Mort et le Mourant

Le bien nous faisons; le mal, c'est la Fortune.
We claim responsibility for our successes and blame
fortune for our failures.
   L'Ingratitude and l'Injustice des Hommes envers la
   Fortune

Le monarque prudent et sage
De ses moindres sujets saittirer quelque usage.
A wise and prudent king knows how to make use of
even the least of his subjects.
   Le Lion s'en Allant en Guerre

Le monde n'a jamais manqué de charlatans.
The world has never lacked for charlatans.
   Le Charlatan

Le savoir a son prix.
Knowledge has its price.
   L'Avantage de la Science

Le trop d'attention qu'on a pour le danger
Fait le plus souvent qu'on y tombe.
The more aware you are of danger, the more likely you
are to meet it.
   Le Renard et les Poulets d'Inde

Les ruines d'une maison
Se peuvent réparer: que n'est cet avantage
Pour les ruines du visage!
A house in ruins can be restored:
no such advantage for the ruins of a face!
   La Fille

Nous ne saurions aller plus avant que les anciens.
We cannot improve on the classics.

O combien le peril enrichirait les dieux, si nous souvenions
des voeux qu'il nous fait faire.
How danger would enrich the gods if we remembered
the vows we made when we were exposed to it.
   Jupiter et le Passager

On a souvent besoin d'un plus petit que soi.
We often need someone smaller than ourselves.
   Le Lion et le Rat

On hasarde de perdre en voulant trop gagner.
We risk losing all in trying to win too much.
   Le Héron

On ne peut trop louer trois sortes de personnes:
Les dieux, sa maîtresse, et son roi.
There are three kinds of people we cannot praise too
much: the gods, our mistress and our king.
   Simonide Préservé par les Dieux

*On rencontre sa destinée souvent par des chemins qu'on
prend pour l'éviter.*
We often meet our fate by the routes we take to avoid it.
  l'Horoscope

*On trouve son semblable
Beau, bien fait, et surtout aimable.*
Those who resemble us we find good-looking, well set
up, and above all charming.
  L'Aigle et le Hibou

*Quiconque a beaucoup vu
Peut avoir beaucoup retenu.*
He who has seen much can recall much.
  L'Hirondelle et les Petits Oiseaux

*Rien n' est si dangereux qu'un ignorant ami; mieux
vaudrait un sage ennemi.*
Nothing is as dangerous as an ignorant friend; a wise
enemy would be better.
  L'Ours et l'Amateur de Jardins

*Un sou quand il est assure
Vaut mieux que cinq en espérance.*
A coin you have is worth more than five hoped for.
  Le Berger et la Mer

Fragonard (1732-1806)
*Si vous adoptez cette fragrance, vos problèmes d'amour
n'existent pas!*
If you choose this perfume, your love problems will vanish.
  To a nobleman who was having trouble with his mistress

Anatole France (1844-1924)

Les philosophes savent que les poètes ne pensent pas.
Philosophers know that poets don't think.

Les Torts de l'Histoire

Francois I, King of France (1494-1547)

Pour mon honneur et celui de ma nation, je choisirai plutôt honnête prison que honteuse fuite.
For the sake of my own honour and that of my country, I shall choose honourable imprisonment rather than shameful flight.

Charles de Gaulle (1890-1970)

C'est moi seul qui fait la politique, et sous ma seule responsabilité. Moi seul ai le pouvoir de decision.
I alone make policy, and I alone am responsible. I alone have the power of decision.

Comment voulez-vous gouverner un pays qui a deux cent quarante-six variétés de fromage?
How can you govern a country which has 246 varieties of cheese?

Dans le tumulte des hommes et des événements, la solitude était ma tentation. Maintenant, elle est mon amie. De quelle autre se contenter quand on a rencontré l'Histoire?
In the tumult of men and events, solitude was my temptation. Now it is my friend. What else is adequate when one has encountered history?

Le Salut

Et maintenant elle est commes les autres.
And now she is like everyone else.
> *On the death of his daughter, who suffered from Down's Syndrome*

Je parle. Il le faut bien. L'action met les ardeurs en oeuvre. Mais c'est la parole qui les suscite.
I talk. It is necessary. Action puts the passions to work, but it is speech that arouses them.
> *La France Combattante*

L'Europe des états.
A Europe of separate nations.
> *Explaining his vision of a united Europe (often misquoted as 'L'Europe des patries')*

Le communisme passera. Mais la France ne passera pas.
Communism will pass but France will not.
> *La France Combattante*

Les traits, voyez-vous, sont comme les jeunes filles et comme les roses: ça dure çe que ça dure.
Treaties, you see, are like girls and roses, they last while they last.

Oui, c'est l'Europe, depuis l'Atlantique jusqu' à l'Oural, c'est toute l'Europe, qui decidera du destin du monde.
Yes, it is Europe, from the Atlantic to the Urals, it is the whole of Europe, which will decide the destiny of the world.

Toute ma vie, je me suis fait une certaine idée de la France.
All my life I have held a certain concept of France.
   The first sentence of his Mémoires de Guerre

Vive le Québec Libre!
Long Live Free Quebec!
   Speaking in Montreal

Théophile Gautier (1811-72)
Les dieux eux-mêmes meurent,
Mais les vers souverains
Demeurent
Plus forts que les airains.
The gods themselves die but the best poems remain,
stronger than bronzes.
   L'Art Poétique

Paul Gavarni (1804-66)
Les enfants terribles.
The little terrors.
   Title of a series of prints

André Gide (1869-1951)
Car sache que, dans les Enfers, il n'est d'autre châtiment
que de recommencer toujours le geste inachevé de la vie.
You must know that in hell there is no other
punishment than to start again and again the
unfinished business of life.

*Dans le domaine des sentiments, le réel ne se distingue pas
de l'imaginaire.*
In the realm of emotions, we cannot distinguish the
real from the imaginary.

*Familles, je vous hais! foyers clos; portes refermées;
possessions jalouses du bonheur.*
Families, I hate you: cold hearths, closed doors,
possessions more valued than happiness.
  Les Nourritures Terrestres

*Il vaut mieux pour moi, n'avoir que peu
Mais l'avoir seul.*
I prefer to have little but enjoy it alone.
  Le Roi Candaule

*Nous vivons contrefaits, plutôt que de ne pas ressemblerau
portrait que nous avons trace de nous d'abord.*
We live in disguise, rather than depart from the
picture we first had of ourselves.
  Les Caves du Vatican

*Toutes choses sont dites déja, mais comme personne
n'écoute, il faut toujours recommencer.*
Everything has been said before, but since no one
listens, one must always start again.

Victor Hugo – hélas!
Victor Hugo – alas!
  When asked who was the greatest French poet

Jean Genet (1910-86)

Ce qu'il nous faut, c'est la haine. D'elle naîtront nos idées.

Hatred is essential to us; our ideas will be born of it.

Les Nègres

Etienne Gilson (1884-1978)

Mon amour est écrit sur les murs d'Edimbourg.

My love is written on the walls of Edinburgh.

Le Chant du Triste Communal

Heinrich Heine (1797-1856)

Dieu me pardonnera; c'est son métier.

God will pardon me. It's his business.

On his deathbed

Henri IV (1553-1610)

Je veux qu'il n'est si pauvre paysan en mon royaume qu'il n'ait tous les dimanches sa poule au pot.

I want there to be no peasant in my kingdom so poor that he is unable to have a chicken in his pot every Sunday.

Histoire de Henry le Grand

Paris vaut bien une messe.

Paris is well worth a mass.

On his conversion to Catholicism; alternatively attributed to his minister Sully, during conversation

Pends-toi, brave Crillon, nous avons combattu à Arques et tu n'y étais pas.

Hang yourselve, brave Crillon; we fought at Arques and you were not there.

41

Holbach (1723-89)

Les Anglais n'ont point de mot pour désigner l'ennui.
The English have no word for ennui.
> *Apologie de l'Ennui et des Ennuyeux*

Victor Hugo (1802-85)

C'est Dieu qui le veut.
It is God's will.
> *Réponse à un Acte d' Accusation*

Cette cloison qui nous sépare du mystère des choses et que nous appelons la vie.
This barrier which separates us from the mystery of things and which we call life.
> *Les Misérables*

Dieu bénit l'homme. Non pour avoir trouvé, mais pour avoir cherché.
God blesses man, not for having found but for having sought.
> *Les Contemplations*

Fais comme moi: vis du monde éloignée ... résignée.
Do as I do: live detached from the world, resigned.
> *A Ma Fille*

Je serai grand, et toi riche,
Puisque nous nous aimerons.
I shall be great and you rich, because we love each other.
> *Un Peu de Musique*

L'histoire des hommes se reflète dans l'histoire des cloaques.
The history of men is reflected in the history of
sewers.
  Les Misérables

L'homme n'est rien qu'un jonc qui tremble au vent.
Man is just a rush trembling in the wind.
  A Villequier

L'oiseau cache son nid, nous cachons nos amours.
The bird hides its nest, we hide our loves.
  Les Contemplations: L'Hirondelle

La clémence est, au fait, un moyen comme un autre.
In the end clemency is just another means to an end.
  Cromwell

La foule met toujours, de ses mains dégradées,
Quelque chose de vil sur les grandes idées.
The crowd, with their filthy hands, will always tarnish
great ideas.
  Ibid.

La mort entrait comme un voleur.
Death entered like a thief.
  Le Revenant

La vipère engendre la vipère.
Vipers breed vipers.
  Cromwell

Le dix-neuvième siècle est grand mais le vingtième sera heureux.
The nineteenth century is great but the twentieth will
be happy.
   Les Misérables

Le plus beau patrimonie est un nom révéré.
The best inheritance is a respected name.
   Odes et Ballades

Les bêtes sont au bon Dieu,
Mais la bêtise est à l'homme.
The beasts belong to God, but beastliness to man.
   La Coccinelle

Waterloo! Waterloo! Waterloo! morne plaine!
Waterloo! Waterloo! Waterloo! melancholy plain!

Eugène Ionesco (1909-94)
O paroles, que de crimes on commet en votre nom!
O, words, what crimes are committed in your name!
   Jacques ou la Soumission

Prendre conscience de ce qui est atroce et en rire, c'est
devenir maître de ce qui est atroce.
To take note of the atrocity and to laugh at it is to
overcome atrocity.
   La Démystification par l'Humeur Noire

Un fonctionnaire ne plaisante pas.
A civil servant does not make jokes.
   Tueur Sans Gages

Alphonse Karr (1808-90)

Plus ça change, plus c'est la meme chose.

The more things change, the more they are the same.

> *Les Guêpes*

Si l'on veut abolir la peine de mort en ce cas, que MM. les assassins commencent.

If the death penalty is to be abolished, let those gentlemen, the murderers, do it first.

> *Ibid.*

Labiche et Martin

Chacun passe sa vie à jeter des petites pincées de poudre dans l'oeil de son voisin.

Everyone spends his life throwing sand in his neighbour's eye.

> *La Poudre aux Yeux*

L'ingratitude est une variété de l'orgueil.

Ingratitude is a form of pride.

> *Le Voyage de M. Perrichon*

Jules Laforgue (1860-87)

Ah, la belle pleine lune,
Grosse comme une fortune!

Ah, the beautiful full moon, as fat as a fortune.

> *Complainte de la Lune en Provence*

Gustave Lebon (1841-1931)

En vin saveur, en drap couleur, en fille pudeur.

Wine should have flavour, cloth colour, a girl modesty.

> *Adages Français*

Où l'hôtesse est belle, le vin est bon.
Where the hostess is beautiful the wine is good.
   Ibid.

Leconte de Lisle (1818-94)
Il savait de nombreuses chose, mais il savait toutes mal.
He knew about many things, but he knew them all badly.
   Translating Homer

Philippe-Auguste Villiers de L'Isle-Adam (1838-89)
Vivre? Les serviteurs feront cela pour nous.
Living? The servants will do that for us.
   Axël

Alexandre August Ledru-Rollin (1807-74)
Ah! je suis leur chef, il fallait bien les suivre.
Ah well! I am their leader, I really had to follow them!

Francis de Gaston, Duc de Lévis (1719-87)
Noblesse oblige.
Nobility has its obligations.
   Maximes et Réflexions

Rouget de Lisle (1760-1836)
Allons, enfants de la Patrie,
Le jour de gloire est arrive!...
Aux armes, citoyens!
Formez vos bataillons!
Come, children of our country, the day of glory has
arrived! ... To arms, citizens! Form your battalions!
   'La Marseillaise'

Louis XIV (1638-1715)

Dieu a donc oublié tout ce que j'ai fait pour lui!
So God has forgotten all that I have done for him.

After losing the battle of Ramillies to the English, 1706

Et pour cet art de connaître les hommes, qui vous sera si important ... Je vous dirai, mon fils, qu'il se peut apprendre, mais qu'il ne se peut enseigner.
And as to this skill of knowing men, which will be so important to you ... I will say this, my son, that it can be learned but not taught.

Mémoires Historiques et Instructions pour le Dauphin

J'ai failli attendre.
I was nearly kept waiting.

Je puis en un quart d'heure faire vingt ducs et pairs; il faut des siècles pour faire un Mansart.
I can make twenty dukes and peers in a quarter of an hour, but it takes centuries to produce a Mansart.

To the architect Mansart, telling him to keep his head covered in the king's presence for fear of the sun

L'Etat c'est moi.
I am the State.

Louis XVIII (1755-1824)

L'exactitute est la politesse des rois.
Punctuality is the politeness of kings.

Rappelez-vous bien qu'il n'est aucun de vous qui n'ait dans sa giberne le bâton de Maréchal du duc de Reggio; c'est à vous à l'en faire sortir.

Keep in mind that every one of you has in his knapsack the Marshal's baton of the Duke of Reggio; it is for you to draw it forth.

To the cadets of Saint-Cyr

Maurice Maeterlinck (1862-1949)

Si j'étais Dieu, j'aurais pitié du coeur des hommes.

If I were God I would pity men from my heart.

Pélléas et Mélisande

Marshal MacMahon (1808-93)

J'y suis, j'y reste.

Here I am, here I stay.

When urged to abandon the newly captured Malakoff Tower

Mme de Maintenon (1635-1719)

N'espérez pas un parfait bonheur; il n'y en a point sur la terre, et, s'il y en avait, il ne serait pas à la court.

Do not hope for perfect happiness; there is no such thing on earth, and if there were, it would not be found at court.

Gargantua et Pantagruel

Joseph de Maistre (1753-1821)

Toute nation ale gouvernement qu'elle mérite.

Every country has the government it deserves.

Lettres et Oposcules Inédits

Stéphane Mallarmé (1842-98)

La seule philosophie est peut-être après tout de tenir bon longtemps.
In the end the only philosophy is perhaps to keep well as long as possible.
   Lettres

Les choses existent, nous n'avons pas à les créer.
Things exist – we don't have to create them.
   Réponses à des Enquêtes sur l'Evolution Littéraire

Pâli comme un vieux livre.
Faded like an old book.
   Hérodiade

Prélude à l' après-midi d'un faune.
Prelude to the afternoon of a faun.
   Title of a poem

Tout au monde existe pour aboutir à un livre.
Everything in the world exists to end up in a book.
   Le Livre, Instrument Spirituel

André Malraux (1901-76)

La condition humaine.
The human condition.
   Title of a book

Jean Paul Marat (1743-93)

O Français! Serez-vous donc toujours des enfants?
Oh Frenchmen, will you always be children?
   L'Ami du Peuple

Felicien Marceau (born 1913)
Le bonheur a ses tempêtes.
Happiness has its storms.
> *En de Secrètes Noces*

Marie-Antoinette (1755-93)
Qu'ils mangent de la brioche.
Let them eat cake.
> *Attrib. Marie-Antoinette, but certainly much older*

Pierre de Marivaux (1688-1763)
Le coeur de l'homme est un grand fripon!
Man's heart is a great rascal.
> *La Fausse Suivante*

Jean Meslier (1664-1729)
Je voudrais, et ce sera le dernier et le plus ardent de mes souhaits, je voudrais que le dernier des rois fût étranglé avec les boyaux du dernier prêtre.
I wish, and this will be the last and most ardent of my desires, I wish that the last king might be strangled with the guts of the last priest.
> *In his will*

Boulay de la Meurthe (1797-1858)
C'est pire qu'un crime, c'est une faute.
It is worse than a crime, it is a mistake.
> *About the execution of the Duc d'Enghien*

Jules Michelet (1798-1874)

La mer est anglaise par inclination; elle n'aime pas la
France; elle brise nos vaisseaux; elle ensable nos ports.
The sea is English by inclination; it does not like
France; it wrecks our ships and silts up our ports.

Histoire de France

L'Angleterre est un empire, l'Allemagne un pays, une race,
la France est une personne.
England is an empire, Germany is a country, a race,
France is an individual.

Ibid.

Comte de Mirabeau (1749-91)

Allez dire à votre maître que nouse sommes ici par la
volonté du peple et qu'on ne nous en arrachera que par
la puissance des baïnnettes.
Go and tell your master that we are here by the will
of the people and we will be moved only by the
power of bayonets.

Octave Mirbeau (1848-1917)

Le plus grand danger de la bombe est dans l'explosion de
bêtise qu'elle provoque.
The greatest danger of the bomb is the explosion of
stupidity it provokes.

Oeuvres

Le silence des peuples est la leçon des rois.
The silence of the people is the tutor of kings.

Discours à l'Assemblée

François Mitterand (1916-96)
Régime oblige: le pouvoir absolu a des raisons que la
République ne connaît pas.
The order of things requires it; absolute power has
reasons which the Republic knows not.
  Le Coup d'Etat Permanent

Molière (1622-73)
Aux faux soupçons la nature est sujette, et c'est souvent à
mal que le bien s'interprète.
Human nature is a prey to false suspicion, and good is
often interpreted as evil.
  Le Tartuffe

C'est hasarder notre vengeance que de la recule.
It is risking our vengeance to postpone it.
  Don Juan

C'est le coeur qui fait tout.
It is the heart which does everything.
  Mélicerte

C'est une étrange entreprise que celle de faire rire les
honnêtes gens.
It is a strange business making decent people laugh.
  La Critique de l'Ecole des Femmes

Chacun le sien, ce n'est pas trop.
Each to his own, that's not too much to expect.
  Le Malade Imaginaire

En mariage, comme ailleurs, contentement passe richesse.
In marriage, as elsewhere, contentment surpasses wealth.

    Le Médecin malgré lui

Géronte: Il me semble que vous les placez autrement qu'ils ne
sont: que le coeur est du côté gauche, et le foie du côté droit.
Sganarelle: Oui, cela était autrefois ainsi, mais nous avons
change tout cela, et nous faisons maintenant la médecine
d'une méthode toute nouvelle.

Géronte: It seems to me that you've got things in the
wrong place; that the heart is on the left and liver on
the right.
Sganarelle: Yes, that's how they were once, but we've
changed all that. We now practise a totally new sort of
medicine.

    Ibid.

Il est bien difficile enfin d'être fidèle
A de certains maris faits d'un certain modèle.
It is very difficult to be faithful to certain husbands of
a certain type.

    Tartuffe

Il n'y a chose si innocente où les hommes ne puissant porter
de crime.
There is nothing so innocent that man cannot
introduce crime.

    Ibid.

*Il vaut mieux mourir selon les règles que de réchapper
contre les règles.*
It is better to die according to the rules than to recover
in spite of them.

   L'Amour Médecin

*Il y a plus de quarante ans que je dis de la prose sans que
j'en susse rien.*
For more than forty years I've been speaking prose
without knowing it.

   Le Bourgeois Gentilhomme

Je vous ferai un impromptu à loisir.
I will give you a spontaneous reply at my leisure.

   Les Précieuses ridicules

J'enrage de bon coeur d'avoir tort, lorsque j'ai raison.
It infuriates me to be wrong when I am right.

   Georges Dandin

L'amour est un sot qui ne sait ce qu'il dit.
Love is a fool who does not know what he says.

   Le Dépit Amoureux

*L'hypocrisie est un vice à la mode, et tous les vices à la
mode passent pour vertus.*
Hypocrisy is a fashionable vice, and all fashionable
vices pass for virtues.

   Don Juan

La constance n'est bonne que pour des ridicules.
Constancy is good only for ridicule.
 Ibid.

La profession d'hypocrite a de merveilleux avantages!
The occupation of hypocrite has great advantages.
 Ibid.

La république des lettres.
The republic of letters.
 Le mariage forcé

Le chemin est long du projet à la chose.
It is a long way from idea to fulfilment.
 Tartuffe

Le scandale du monde est ce qui fait l'offense,
Et ce n'est pas pécher que pécher en silence.
Public scandal is what offends us, and a silent sin is
no sin.
 Ibid.

Les arbres tardifs sont ceux qui portent les meilleurs fruits.
Slow-growing trees bear better fruit.
 Le Malade Imaginaire

Morbleu! Faut-il que je vous aime?
God! Must I love you?
 Le Misanthrope

Que diable allait-il faire dans cette galère?
Why the devil did he have to come aboard this galley?
   Les Fourberies de Scapin

Toujours au plus grand nombre on doit s'accommoder.
One should always conform with the majority.
   L'Ecole des Maris

Tout le plaisir de l'amour est dans le changement.
All the pleasure of love lies in variety.
   Don Juan

Tout Paris.
All Paris.
   L'Impromptu de Versailles

Un gentilhomme qui vit mal est un monstre dans la nature.
A gentleman who lives a wicked life is one of nature's
monsters.
   Don Juan

*Vous avez un médecin – que vous fait-il? Sire, nous
causons ensemble; il m'ordonne des remèdes, je ne les fais
point, et je guéris.*
You have a doctor, what does he do for you? Sire, we
chat; he writes a prescription for me, I ignore it, and I
get better.
   Reply to Louis XIV

Vous l'avez voulu, Georges Dandin, vous l'avez voulu.
It's what you wanted, George Dandin, it's what you wanted.

Georges Dandin

Michel de Montaigne (1533-92)

Ce n'est pas victoire, si elle ne met fin à la guerre.
A victory is not a victory if it does not put an end to the war.

Essais

Comme quelqu'un pourrait dire de moi que j'ai seulement fait ici un amas de fleurs étrangères, n'y ayant fourni du mien que le filet à les lier.
It might be said of me that what I have made here is only a bunch of other men's flowers, supplying of my own just the string which ties them together.

Toutes actions hors les bonnes ordinaires sont sujettes à sinistre interpretation.
All unusual actions are open to sinister interpretation.

De l'Ivrognerie

Il faut être toujours botté et prêt à partir.
One should always be booted and ready to leave.

Il se faut réserver une arrière-boutique, toute nôtre, toute franche, en laquelle nous établissions notre vraie liberté en principale retraite et solitude.
One should always keep a little back shop, entirely our own and uninhabited, where we can experience the true liberty of solitude.

57

L'irrésolution me semble le plus commun et apparent vice de notre nature.
Indecision seems to me to be the commonest and most obvious vice of human nature.
Essais

Le profit de l'un est le dommage de l'autre.
One man's profit is another's loss.
Ibid.

Mon métier et mon art, c'est vivre.
Life is my calling and my art.

On dit bien vrai qu'un honnête homme c'est un homme mêlé.
It is truly said that an honest man is a busy man.
Essais

On nous apprend à vivre quand la vie est passée.
We learn how to live once life is over.
Ibid.

Philosopher, c'est douter.
To be a philosopher is to doubt.
Ibid.

Montesquieu (1689-1755)
C'est un malheur de n'être point aimée; mais c'est un affront de ne l'être plus.
It is unfortunate not to be loved at all; but it is insulting to be loved no longer.
Lettres

Dans toute magistrature, il faut compenser la grandeur de la puissance par la brièveté de sa durance.
With any office, one has to balance the greatness of the power with the brevity of its duration.
Ibid.

Dieu m'a donné du bien, et je me suis donné du superflu.
God gave me wealth, and I have given myself a bit extra.
Cahiers

En fait de religion, les plus proches sont les plus grandes ennemies.
When it comes to religion, the worst enemies are the nearest.
Lettres

Il faut dans les lois une certaine candeur. Faites pour punir la méchanceté des hommes, elles doivent avoir elles-mêmes la plus grande innocence.
Laws should have a certain candour. Made to punish the wickedness of men, they themselves must retain the greatest innocence.
De l'Esprit des Lois

La liberté est le droit de faire ce que les lois permettent.
Liberty is the right to do what the law allows.
Réflexions et Pensées

La loi, en général, est la raison humaine, entant qu'elle gouverne tous les peuples de la terre.
On the whole law reflects human reason, in so far as reason governs all the nations on earth.

Le gouvernement est comme toutes les choses du monde;
pour le conserver, il faut l'aimer.
Government is like anything else; to keep it, you have
to like it.
　Ibid.

Les Anglais sont occupés; ils n'ont pas le temps d'être polis.
The English are busy; they don't have time to be
polite.
　Pensées et fragments inédits

Si les triangles faisoient un Dieu, ils lui donneroient trois
côtés.
If triangles invented a god, they would give him three
sides.
　Lettres Persones no.59

Tout homme est capable de faire du bien à un homme; mais
c'est ressembler aux dieux que de contribuer au bonheur d'une
société entière.
Any man is capable of doing some good to another; but
to contribute to the welfare of society as a whole is to
resemble the gods.
　Lettres

Gabriel Meurier
Jeunesse oiseuse, vieillesse disetteuse.
Prodigal youth, needy old age
　Trésor des Sentences

*Qui se marie pour amour a de bonnes nuits et de mauvais
jours.*
He who marries for love has good nights and bad days.
   Trésor des Sentences

Alfred de Musset (1810-57)
C'était, dans la nuit brune,
Sur le clocher jauni,
La lune
Comme un point sur un i.
At dusk, over the yellowing bell tower, it was the
moon, like the dot on an 'I'.
   Ballade à la Lune

J'aime, et je veux pâlir; j'aime et je veux souffrir;
J'aime, et pour un baiser je donne mon genie.
I am in love and I want to grow pale; I am in love and
I want to suffer; I am in love, and I give away my
genius in exchange for a kiss.
   La Nuit d'Août

La vie est brève,
Un peu d'amour,
Un peu de rêve,
Et puis, Bonjour.
La vie est vaine,
Un peu d'espoir,
Un peu de haine,
Et puis, Bonsoir.
Life is short, a little love, a little dream, and then
Good Day. Life is vain, a little hope, a little hate, and
then Goodnight.

*O patrie! O patrie!, ineffable mystère! Mot sublime et
terrible! inconcevable amour!*
Fatherland, ineffable mystery! Sublime and awful
word, inconceivable love!

   Retour, Le Havre

Partons, dans un baiser, pour un monde inconnu.
Let us leave, with a kiss, for an unknown world.

   La Nuit de Mai

Benito Mussolini (1883-1945)

*Vous étes une femme pour qui on pourrait avoir une
grande passion!*
You are a woman for whom I could feel a great
passion!

   On first meeting Clare Sheridan

Napoléon I (1769-1821)

*A la guerre, les trois quarts sont des affaires morales, la
balance des forces réelles n'est que pour un autre quart.*
In war, three-quarters turns on morale; the balance of
manpower and materials counts only for the remaining
quarter.

*C'est un fossé qui sera franchi lorsqu'on aura l'audace de le
tenter.*
It [the Channel] is a mere ditch, and will be crossed as
soon as someone has the courage to attempt it.

Du sublime au ridicule il n'y a qu'un pas.
It's only a step from the sublime to the ridiculous.

   After his retreat from Moscow in 1812

La carrière ouverte aux talents.
The career open to talent.

Je n'ai pas succédé à Louis XIV mais à Charlemagne.
I have succeeded, not Louis XIV, but Charlemagne.
  Letter to Pope Pius Vll, 1804

L'Angleterre est une nation de marchands.
England is a nation of shopkeepers.
  While exiled on St Helena, quoting Paoli but perhaps
  ultimately from Adam Smith

La France a plus besoin de moi que je n'ai besoin de la
France.
France needs me more than I need France.
  To a deputation of the legislature, 1813

La paix est un mot vide de sens; c'est une paix glorieuse qu'il
nous faut.
Peace is a meaningless word; what we must have is a
glorious peace.
  To his brother Joseph, 1805

Les hommes de génie sont des météores destinés à brûler
pour éclairer leur siècle.
Men of genius are meteors destined to burn in order
to illuminate their century.
  Discours de Lyon

Qu'est-ce que l'avenir? Qu'est-ce que le passé? Qu'est-ce
que nous? Quel fluide magique nous environne et nous
cache les choses qu'il nous importe le plus de connaître?

Nous naissons, nous vivons, nous mourons au milieu du merveilleux.

What is the future? What is the past? What are we? What magic fluid envelops us and hides from us the things we most need to know? We are born, we live, we die amid marvels.

Letter to Josephine

Quant au courage moral, il avait trouvé fort rare, disait-il, celui de deux heures après minuit; c'est-à-dire le courage de l'improviste.

As to moral courage, I have very rarely met with two o'clock in the morning courage: I mean unprepared-for courage.

Rien n'est plus contraire à l'organisation de l'esprit, de la mémoire et de l'imagination ... Le nouveau systéme de poids et mesures sera un sujet d'embarras et de difficultés pour plusieurs generations.

Nothing is more contrary to the organisation of the mind, of the memory, and of the imagination ... The new system of weights and measures will hinder and perplex several generations.

On the introduction of the metric system, in Mémoires...écrits à Ste-Hélène

Soldats, je suis content de vous!

Soldiers, I am pleased with you.

Proclamation after the Battle of Austerlitz, 1805

Soldats, songez que, du haut de ces pyramides, quarante siècles vous contemplent.
Think of it, soldiers; from the summit of these pyramids, forty centuries look down upon you.
   Speech to the Army of Egypt on 21 July 1798, before the Battle of the Pyramids

Tête de l'armée.
Head of the army.
   Last words

Triste comme la gloire.
As sad as glory.

Une armée marche à plat ventre.
An army marches on its stomach.
   Attrib. c. 1819, while in exile on St Helena

Voilà un homme!
What a man!
   On first meeting Goethe, 1808

Napoleon III (1808-73)

Surtout n'ayez pas peur du peuple, il est plus conservateur que vous!
Above all, do not fear the people, they are more conservative than you.
   Mélanges

Gabriel Naudé (1600-53)

Elle a tout vu, elle a tout lu, elle sait tout.

She has seen everything, read everything, knows everything.

Letter, about Queen Christina of Sweden, 1652

Marguerite de Navarre (1492-1549)

Il n'est point de diable plus insupportable qu'une dame bien aimée et qui ne veut point aimer.

There is no more unbearable anguish [lit. devil] than a much loved woman who is not interested in loving.

Heptaméron

L'amour n'est pas un feu que l'on tient dans la main.

Love is not a light that one holds in the hand.

Ibid.

Le scandale est souvent pire que le péché.

The scandal is often worse than the offence.

Ibid.

Mariage est un état de si longue durée qu'il ne doit être commencé légèrement, ni sans l'opinion de nos meilleurs amis et parents.

Marriage is such a long-lasting condition that it should not be undertaken lightly, nor without the appproval of our closest friends and relations.

Ibid.

Un malheureux cherche l'autre.

Unhappy people are attracted to each other.

Ibid.

Gérard de Nerval (1808-55)

Il n'y a qu'un seul vice dont on ne voie personne se vanter,
c'est l'ingratitude!

There is only one vice of which no one boasts –
ingratitude.

Paradoxe et Vérité

Je suis le Ténébreux – le veuf – l'Inconsolé,
Le Prince d'Aquitaine à la Tour abolie:
Ma seule Etoile est morte – et mon luth constellé
Porte le soleil noir de la Mélancholie.

I am the mysterious one, the widower, the
disconsolate, the Prince of Aquitaine of the shattered
tower: my only star is dead, and my star-spangled lute
bears the black sun of melancholy.

Je Suis Le Ténébreux

Le Dieu du Monde
C'est le Plaisir.

Pleasure is the god of the people.

Chanson Gothique

Emperor Nicholas I of Russia (1796-1855)

Nous avons sur les bras un homme malade – un homme
gravement malade.

We have a sick man on our hands – a very sick man
(*i.e.* Turkey, the sick man of Europe).

Charles d'Orléans (1394-1465)
Je meurs de soif auprès de la fontaine,
Tremblant de froid au feu des amoureux.
I die of thirst at the fountain, trembling with cold in
the grip of lovers' fire.
  Ballade

Marcel Pagnol (1895-1974)
La mort, c'est tellement obligatoire que c'est presqu'une
formalité.
So much is death obligatory that it is almost a formality.
  César

René Panhard (1841-1908)
C'est brutal, mais ça marche!
It's rough but it works!
  On the car gearbox he had invented

Blaise Pascal (1623-62)
Ce que peut la vertu d'un homme ne se doit mesurer par
ses efforts, mais par son ordinaire.
A man's worth should be measured by his normal
actions not by his special efforts.
  Pensées

Deux excès: exclure la raison, n'admettre que la raison.
Two forms of excess: to exclude reason, and to admit
only reason.
  Ibid.

Il est dangereux de dire au peuple que les lois ne sont pas justes, car il n'y obéit qu'à cause qu'il les croit justes.
It is dangerous to tell people that the laws are unjust, for they obey them only because they believe them to be just.

    Ibid.

Je n'ai fait celle-ci plus longue que parce que je n'ai pas eu le loisir de la faire plus courte.
I have made this [letter] longer than usual, only because I have not had the time to make it shorter.

    Provinciales

L'homme n'est ni ange ni bête.
Man is neither angel nor beast.

    Pensées

L'homme n'est qu'un roseau, le plus faible de la nature; mais c'est un roseau pensant.
Man is just a reed, the weakest thing in nature, but he is a thinking reed.

    Ibid.

La force est la reine du monde, est non pas l'opinion. Mais l'opinion est celle qui use de la force. C'est la force qui fait l'opinion.
Force, and not opinion, is queen of the world. But opinion makes use of force; and force makes opinion.

    Ibid.

La pensée fait la grandeur de l'homme.
Thought is the source of the greatness of mankind.
> *Ibid.*

La plus grande bassesse de l'homme est la recherché de la gloire.
Man stoops lowest in his pursuit of glory.
> *Ibid.*

La vraie morale se moque de la morale.
True morality laughs at morals.
> *Ibid.*

Le coeur a ses raisons que la raison ne connaît point.
The heart has its reasons which reason knows not.
> *Ibid.*

Le grand Pan est mort.
Great Pan is dead (i.e. the Golden Age is past; the reference being to the re-telling by Rabelais of a story in Plutarch).
> *Ibid.*

Le nez de Cléopâtre; s'il eût été plus court, toute la face de la terre aurait changé.
If Cleopatra's nose had been shorter, the whole history of the world would have been different.
> *Ibid.*

Le silence éternal de ces espaces infinis m'effraie.
The eternal silence of these infinite spaces terrifies me.
> *Ibid.*

*Le riche parle bien des richesses, le roi parle froidement
d'un grand don qu'il vient de faire, et Dieu parle bien de
Dieu.*
The rich man speaks approvingly of wealth, the king
speaks loftily of a great gift he has just conferred, and
God speaks well of God.
  Ibid.

*Les hommes prennent souvent leur imagination pour leur
coeur.*
Men often mistake their imagination for their heart.
  Ibid.

Mort soudaine seule à craindre.
Sudden death is the only thing to fear.
  Ibid.

*Notre nature est dans le mouvement; le repos entier est la
mort.*
Our being lies in movement; total rest is death.
  Ibid.

*On appréhende plus de blesser ceux don't l'affection est plus
utile et l'aversion plus dangereuse.*
We are more afraid of injuring those whose friendship
is useful and whose dislike is dangerous.
  Ibid.

*Peu de chose nous console parce que peu de chose nous
afflige.*
Small things console us because small things distress us.
  Ibid.

71

*Qu'il est difficile de proposer une chose au jugement d'un
autre sans corrompre son jugement par la manière de lui
proposer.*
How hard it is to ask someone's advice without
influencing his judgement by the way we present our
problem.
   Ibid.

Qu'il y a loin de la connaissance de Dieu à l'aimer!
How far it is between knowing God and loving him!
   Ibid.

*Quelle vanité que la peinture, qui attire l'admiration par la
ressemblances des choses dont on n'admire point les
originaux.*
How vain painting is, exciting admiration by its
resemblance to things of which we do not admire the
originals.
   Ibid.

Rien ne me serait trop cher pour l'éternité.
No price would be too high for eternity
   Ibid.

Rien ne nous plaît que le combat, mais non pas la victoire.
Nothing pleases us but the struggle, certainly not the
victory.
   Ibid.

*Si tous les hommes savaient ce qu'ils disent les uns des
autres, il n'y aurait pas quatre amis dans le monde.*

If people always knew what they said about each other, there would not be four friends left in the world.
Ibid.

Tous hommes se haïssent naturellement l'un l'autre.
It is natural for all men to hate each other.
Ibid.

Tout le malheur de l'homme vient d'une seule chose, qui est de ne savoir pas demeurer en repos dans une chambre.
All man's unhappiness derives from just one thing, not being able to stay quietly in a room.
Ibid.

Trop de jeunesse et trop de vieillesse empêchent l'esprit, comme trop et trop peu d'instruction.
Extreme youth and age impede the mind, like too much or too little education.
Ibid.

Louis Pasteur (1822-95)
Dans les champs de l'observation le hasard ne favorise que les esprits préparés.
Where observation is concerned, chance favours only the prepared mind.

Il n'existe pas de sciences appliquées, mais seulement des applications de la science.
There are no such things as applied sciences, only applications of science.

Maistre Pierre Pathelin (First published c 1440)
Revenons aces moutons.
Let us get back to those sheep (*i.e.* to the subject).

Charles Péguy (1873-1914)
Coeur tu n'est qu'un théâtre,
Mais on y joue
Dans les décors de plâtre
Un drame fou.
Heart, you are only a theatre, but a mad drama is
played there amid the plaster decorations.

    Quatrains

Les références qu'on ne vérifie pas sont les bonnes.
References which one does not verify are the good
ones.

    Victor-Marie Comte Hugo

Tout commence en mystique et finit en politique.
Everything begins in mysticism and ends in politics.

    Notre Jeunesse

Charles Perrault (1628-1703)
'Anne, ma soeur Anne, ne vois-tu rien venir?'
Et sa soeur Anne lui répondit,
'Je ne vois rien que le soleil qui poudroye,
Et l'herbe qui verdoye.'
Anne, sister Anne, do you see nothing coming?' And
her sister Anne replied, 'I see nothing but the sun
making dust and the green grass growing."

    'Bluebeard' from Histoire et contes du temps passé

Perse
Les flûtes sauvages du malheur.
The wild flutes of misfortune.
   Vents

Mme de Pompadour (1721-64)
Après nous le deluge.
After us the deluge.

Jacques Prévert (1900-77)
Ne plaisantez pas avec l'humeur, l'humeur c'est sérieux!
Don't joke about humour – humour is serious.
   Définir l'Humeur

Pierre-Joseph Proudhon (1809-65)
La propriété c'est le vol.
Property is theft.

Marcel Proust (1871-1922)
A la recherche du temps perdu.
In search of lost time.
   Title of novel

Du reste, continua Mme de Cambremer, j'ai horreur des couchers de soleil, c'est romantique, c'est opera.
'Anyhow,' Mme de Cambremer went on, 'I have a horror of sunsets, they're so romantic, so operatic.'
   Sodome et Gomorrhe

Et tout d'un coup le souvenir m'est apparu. Ce goût c'était celui du petit morceau de madeleine que le dimanche matin à Combray ... ma tante Léonie m'offrait après l'avoir

trempé dans son infusion de thé ou de tilleul.
And suddenly the memory revealed itself. The taste was
that of the little piece of madeleine which on Sunday
mornings at Combray ... my aunt Léonie used to give
me, dipping it first in her own cup of tea or tisane.

Du côté de chez Swann

*L'univers est vrai pour nous tous et dissemblable pour
chacun.*
The universe is true for all of us and dissimilar for
each of us.

La Prisonnière

Laissons les jolies femmes aux hommes sans imagination.
Let us leave pretty women to men without
imagination.

Albertine Disparue

*Les homosexuels seraient les meilleurs maris du monde s'ils
ne jouaient pas la comédie d'aimer les femmes.*
Homosexuals would be the best husbands in the
world if they did not play at being in love with
women.

Ibid.

Longtemps, je me suis couché de bonne heure.
For a long time I used to go to bed early.

Du côté de chez Swann

On devient moral dès qu'on est malheureux.
We become ethical as soon as we are unhappy.

A l'Ombre des Jeunes Filles en Fleurs

Que le jour est lent de mourir par ces soirs démesurés de l'été!
How slowly the day dies in these endless summer
evenings.
   La Fugitive

Une de ces dépêches dont M. de Guermantes avait
spirituellement fixé le modèle: 'Impossible venir, mensonge
suit'.
One of those telegrams of which M. de Guermantes
had wittily defined the formula: 'Impossible to come,
lie follows'.
   Le Temps retrouvé

Proverbs
Autre temps, autres mœurs.
Other days, other ways.

Belle tête mais de cervelle point.
A fine head, but no brains.

Chacun à son goût.
Each to his own [taste].

Cherche à qui le crime profite.
Look for the beneficiary of a crime.

Comparer, c'est comprendre.
To compare is to understand.

Il faut ce qu'il faut.
What must be must be.

Il n'y a pas de grands esprits sans un grain de folie.
There are no great souls without a touch of folly.

Il ne faut pas mettre les étoupes trop prés du feu.
Don't put a fuse too near the fire.

Il y a toujours un qui baise, et l'autre qui tend la joue.
There is always one who kisses and one who offers a
cheek.

L'amour est aveugle: l'amitié ferme les yeux.
Love is blind: friendship shuts its eyes.

La façon de donner vaut mieux que ce qu'on donne.
The manner of giving is worth more than the gift.

La forêt façonne l'arbre.
The forest shapes the tree.

La gloire expose à la calomnie.
Glory exposes us to calumny.

La nuit est bonne conseillère.
Sleep on it. (Lit. night is a good counsellor.)

Le coût fait perdre le goût.
The cost destroys the appetite.

Le flambeau de l'amour s'allume à la cuisine.
The torch of love is lit by the kitchen stove.

Le pire n'est pas toujours sûr, il est seulement bien probable!
The worst is not always certain, it is just very likely.

Morte la bête, mort le venin.
Dead men tell no tales. (Lit. once the beast is dead, the poison dies.)

On ne badine pas avec l'amour.
One does not fool with love.
  also title of a play by Alfred de Musset

On ne guérit pas de Paris.
No one wearies of Paris.

Prêter de l'argent fait perdre la mémoire.
To lend money to someone makes him lose his memory.

Quand il fait somber, les plus beaux chats sont gris.
Even the handsomest cats are grey in the dark.

Qui rêve, dîne.
He who dreams, dines.

Qui s'excuse, s'accuse.
He who excuses himself, accuses himself.

Qui se fait brebis, le loup le mange.
Mugs always get fleeced. (Lit. he who makes a lamb of himself will be eaten by the wolf.)

Se marier, c'est apprendre à être seul.
Marriage teaches you to be alone.

Tout comprendre c'est tout pardonner.
To understand everything is to forgive everything.

Tout influe sur tout.
Everything influences everything.

Tout passe, tout lasse, tout casse.
Everything passes, everything wearies, everything
breaks.

Raymond Queneau (1903-76)

*Les peuples heureux n'ont pas d'histoire. L'histoire est la
science du malheur des hommes.*
Happy nations have no history. History is the study of
man's bad luck.
  Une Histoire Modèle

*Les récits vrais traitent de la faim, et les récits imaginaires
de l'amour.*
True stories tell of hunger, imaginary ones of love.
  Ibid.

Rabelais (1494-1553)

*A la bonne et sincere amour est crainte perpetuellement
annexée.*
Good and sincere love always brings fear.
  Gargantua et Pantagruel

*Comment pourrais-je gouverner autrui, qui moi-même
gouverner ne saurais?*
How should I rule anyone else, who do not know how
to rule myself?

   Ibid.

*En toutes compagnies il y a plus de fous que de sages, et la
plus grand partie surmonte toujours la meilleure.*
In every company there are more fools than wise men,
and the bigger faction always overcomes the better.

Fay ce que voudras.
Do what thou wilt.

*Je vais quérir un grand Peut-être ... Tirez le rideau, la farce
est jouée.*
I go to seek a great Perhaps ... Let the curtain fall, the
farce is ended.

   When dying, but the attribution is disputed

L'appétit vient en mangeant.
Appetite grows with eating.

L'habit ne fait point le moine.
Fine clothes don't make a gentleman.

*Lever matin n'est point bonheur,
Boire matin est le meilleur.*
Getting up in the morning is no pleasure; drinking in
the morning is better.

   Gargantua et Pantagruel

Mieux est de ris que de larmes écrire,
Pour ce que rire est le propre de l'homme.
Best to write of laughter, not tears, because laughter is
man's particular attribute.

   Ibid.

Ne clochez pas devant les boiteux.
Don't limp in front of the lame.

Nous entreprenons toujours choses défendues et convoîtons
ce que nous est dénié.
We always undertake forbidden things and desire what is
denied us.

   Gargantua et Pantagruel

Vivez joyeux.
Live joyfully.

   Motto on the title page of Gargantua et Pantagruel

Vogue la galère!
Let things go! (Lit: the ship's under way!)

Racan (1589-1670)
Le bien de la fortune est un bien périssable; quand on bâtit
sur elle, on bâtit sur le sable.
The benefits of chance are perishable; if you build on
them, you build on sand.

   Stances sur la Retraite

Jean Racine (1639-99)

Ce n'est plus une ardeur dans mes veines cachée,
C'est Vénus toute entière à sa proie attachée.
This is no longer a passion hidden in my heart, it is
Venus herself seized of her prey.

> *Phèdre*

Je l'ai trop aimé pour ne le point haïr!
I loved him too much not to hate him at all!

> *Andromaque*

La foi qui n'agit point, est-ce une foi sincère?
A faith that does not act, is it a sincere faith?

> *Athalie*

Nourri dans le sérail, j'en connais tous les detours.
Brought up in the harem, I know all its byways.

> *Bajazet*

Plutôt ce qu'ils font que ce qu'ils ont été.
What they are doing matters more than what they
have been.

> *Andromaque*

Quelques crimes toujours précèdent les grands crimes.
Some crimes always precede great crimes.

> *Phédre*

Jules Renard (1864-1910)

La conversation est un jeu de sécateur, où chacun taille la voix du voisin aussitôt qu'elle pousse.

Conversation is a game of secateurs, where each prunes the next person's voice as soon as possible.

Journal

Ernest Renan (1823-92)

Le monde en marchant n'a pas beaucoup plus de souci de ce qu'il écrase que le char de l'idole de Jagarnata.

The world in its progress has little more care for what it crushes than the chariot of the Juggernaut.

In the Revue des Deux Mondes, 1876

La vérité est dans une nuance.

Truth lies in the subtlety of a word.

Pierre Auguste Renoir (1841-1919)

Un matin, l' un de nous manquant de noir, se servit de bleu; l'impressionisme était né.

One morning one of us, having no black, used blue instead, and Impressionism was born.

Richard I (1157-99)

Dieu et mon droit.

God and the right.

Password at the battle of Gisors; now the motto of English sovereigns

Cardinal Richelieu (1585-1642)

Il faut écoutre beaucoup et parler peu pour bien agir au gouvernement d'un Etat.
You have to listen much and speak little to govern a country well.

Maximes d'Etat

Savoir dissimuler est le savoir des rois.
It is the business of kings to know how to dissimulate.

Mirame

Tout par raison.
Everything in accordance with reason.

Arthur Rimbaud (1854-91)

Je parvins àfaire s'évanouir dans mon esprit toute l'espérance humaine.
I have succeeded in emptying my mind of all human hope.

Une Saison en Enfer

L'art est bête.
Art is stupid.

La main à plume vaut la main à charrue.
The hand that holds the pen is as important as the hand that guides the plough.

Mauvais Sang

Ne soyez pas un vaincu!
Never admit defeat!

L'Impossible

César Ritz (1850-1918)
Le client n'a jamais tort.
The customer is never wrong.

Antoine de Rivarol (1753-1801)
Ce qui n'est pas clair n'est pas français.
What is not clear is not French.
> *Discours sur l'Universalité de la Langue Française*

Robespierre (1758-94)
Citoyens, vouliez-vous une révolution sans révolution?
Citizens, would you want a revolution without revolution?
> *Addressing the National Assembly, 1792*

Je ne suis pas ni le courtisan, ni le modérateur, ni le tribun, ni le défenseur de peuple, je suis peuple moi-même.
I am not a courtier nor a moderator, nor a tribune, nor a defender of the people: I am myself the people.
> *Speech at the Jacobin Club, 27 April 1792*

La révolution est la guerre de la liberté contre ses enemies, la constitution est le régime de la liberté victorieuse et paisable.
Revolution is the war of liberty against her enemies; the constitution is the rule of liberty victorious and at peace.
> *Addressing the National Convention, 1793*

La volonté générale gouverne la société comme la volonté particulière gouverne chaque individu isolé.
The general will rules in society as the private will governs each separate individual.
> *Lettres à ses commettans*

Quand le gouvernement viole les droits du peuple,
l'insurrection est pour le peuple le plus sacré et le plus
indispensable des devoirs.
When the government violates the rights of the
people, insurrection is the people's most sacred and
indispensable duty.
  Addressing the National Convention, 1794

Toute institution qui ne suppose pas le peuple bon, et le
magistrat corruptible, est vicieuse.
Any institution which does not suppose the people
good, and the magistrate corruptible, is evil.
  Declaration des droits de l'homme

Duc de la Rochefoucauld-Liancourt (1747-1827)
Dans l'adversité de nos meilleurs amis, nous trouvons
toujours quelque chose qui ne nous deplaît pas.
In the misfortune of our best friends, we always find
something which is not displeasing to us.
  Réflexions ou Maximes Morales

En vieillissant on devient plus fou et plus sage.
As we age, we become both wiser and more foolish.
  Ibid.

Il est plus honteux de se défier de ses amis que d'en être trompé.
It is more shameful to distrust one's friends than to be
deceived by them.
  Ibid.

*Il faut de plus grandes vertus pour soutenir la bonne
fortune que la mauvaise.*
It takes greater qualities to sustain good luck than bad
luck.
   Ibid.

*Il n'appartient qu'aux grands hommes d'avoir de grands
défauts.*
Great men are apt to have great faults.
   Ibid.

*Il ne sert de rien d'être jeune sans être belle, ni d'être belle
sans être jeune.*
It is no use being young without being beautiful, nor
beautiful without being young.
   Ibid.

Il y a de bon mariages, mais il n'y a point de délicieux.
There are good marriages, but no delightful ones.
   Maximes

Il y a des héros en mal comme en bien.
There are heroes of evil as well as of good.
   Réflexions

*L'absence diminue les médiocres passions et augmente les
grandes, comme le vent éteint les bougies et allume le feu.*
Absence lessens mild passions and increases great
ones, just as the wind blows out candles but brightens
the fire.
   Ibid.

L'espérance et la crainte sont inseparables, et il n'y a point de crainte sans espérance, ni d'espérance sans crainte.
Hope and fear are inseparable; you never have fear without hope, or hope without fear.
 Ibid.

L'hypocrisie est un hommage que le vice rend à la vertu.
Hypocrisy is the homage that vice offers to virtue.
 Ibid.

La clémence des princes n'est souvent qu'une politique pour gagner l'affection des peuples.
The clemency of princes is often just a ruse to gain the people's affection.
 Ibid.

La duration de nos passions ne dépend pas plus de nous que la durée de notre vie.
The duration of our emotions no more depends on us than the duration of our lives.
 Ibid.

La félicité est dans le goût et non pas dans les choses.
Happiness is a matter of taste, and not of possessions.
 Ibid.

La flatterie est une fausse monnaie qui n'a de cours que par notre vanité.
Flattery is counterfeit coin that only gains currency through our vanity.
 Ibid.

La parfaite valeur est de faire sans témoins ce qu'on serait capable de faire devant tout le monde.
Perfect courage lies in behaving without witnesses as we would be capable of behaving in full view.
Ibid.

La reconnaissance de la plupart des hommes n'est qu'une secrète envie de recevoir de plus grands bienfaits.
In most of mankind gratitude is merely a secret hope of greater favours.
Maximes

La veritable eloquence consiste à dire tout ce qu'il faut, et à ne dire que ce qu'il faut.
True eloquence is saying all that is necessary and nothing else.
Réflexions

Le mal que nous faisons ne nous attire pas tant de persécution et de haine que nos bonnes qualités.
The evil we do does not earn us as much persecution and hatred as our good qualities.
Ibid.

Le monde recompense plus souvent les apparences du mérite que le mérite même.
The world rewards the appearances of merit more often than merit itself.
Ibid.

Les femmes ne connaissent pas toute leur coquéterie.
Women do not altogether understand their own
flirtatiousness.
   Ibid.

Louis XVI: C'est une révolte?
La Rochefoucauld-Liancourt: *Non, Sire, c'est une
révolution.*
Louix XVI: Is it a revolt?
La Rochefoucauld-Liancourt: No, Sire, it is a revolution.
   After the fall of the Bastille

Nous arrivons tout nouveaux aux divers ages de la vie.
We reach different periods of our life without
experience of them.
   Maximes

*Nous avons tous aseez de force pour supporter les maux
d'autrui.*
We are all strong enough to bear the misfortunes of others.
   Maximes

*On est souvent ferme par faiblesse, et audacieux par
timidité.*
We are often firm through weakness and audacious
through timidity.
   Réflexions

On ne donne de louanges que pour en profiter.
We only praise in order to profit from it.
   Ibid.

On ne donne rien si libéralement que ses conseils.
Nothing is so freely offered as advice.
  Ibid.

*On passe souvent de l'amour à l'ambition, mais on ne
revient guère de l'ambition à l'amour.*
We often pass from love to ambition, but rarely return
from ambition to love.
  Ibid.

Qui vit sans folie n'est pas si sage qu'il croit.
He who lives without folly is not as wise as he thinks.
  Ibid.

*Si nous n'avions point de défauts, nous ne prendrions pas
tant de plaisir à en remarquer dans les autres.*
If we had no failings, we would not be so pleased to
notice them in others.
  Ibid.

Mme Roland (1754-93)
O liberté! O liberté! que de crimes on commet en ton nom!
O liberty, liberty, what crimes are committed in thy name!

Pierre de Ronsard (1524-85)
Adieu, chers compagnons! adieu, mes chers amis!
Je m'en vais le premier vous préparer la place.
Farewell, dear companions, farewell, my dear friends. I
am leaving first to prepare a place for you.
  Derniers vers

Cueillez, cueillez votre jeunesse:
Comme à cette fleur, la vieillesse
Fera ternir votre beauté.

Gather your youth: like that flower, old age will tarnish your beauty.

Odes

Cueillez dès aujourd'hui les roses de la vie.

Gather ye rosebuds while ye may. (Lit. gather today the roses of life.)

Sonnet pour Hélène

Jamais l'homme, tant qu'il meure,
Ne demeure
Fortuné parfaitement,
Toujours avec la liesse,
La tristesse
Se mêle secrètement.

Man is never, as long as he lives, perfectly fortunate; there is always sorrow secretly mingled with felicity.

Les Bacchanales

Je te salue, heureuse et profitable Mort!

I salute thee, happy and profitable Death!

La beauté n'est que vent, la beauté n'est pas bien:
Les beautés en un jour s'en vont comme les roses.

Beauty is but air, beauty is worth nothing; beauties fade in a day like roses.

Sonnet

Le temps s'en va, le temps s'en va, ma dame.
Las! le temps non, mais nous, nous en allons.
Time passes, time passes, my lady.
Alas, it is not time but we who pass.

Les vers viennent de Dieu.
Poetry comes from God.

O bien heureux le siècle où le peuple sauvage
Vivait par les forêts de glands et de fruitage.
Happy the age when the savage people lived on acorns
and fruits of the forest.
   Elégie au Seigneur Baillon

Quand vous serez bien vieille, au soir, à la chandelle
Assise auprès du feu, dévidant et filant,
Direz, chantant mes vers, en vous émerveillant,
Ronsard me célébrait du temps que j'éstois belle.
When you are very old, in the evening, by candlelight,
seated by the fire, spinning, you will say, reciting my
poems and marvelling in your heart, 'Ronsard sang my
praises in the days when I was beautiful.'
   Sonnets pour Hélène

Gioacchino Rossini (1792-1868)
Monsieur Wagner a de beaux moments, mais de mauvais
quart d'heures.
Wagner has some beautiful moments, but some bad
quarters of an hour.

Edmond Rostand (1868-1918)

Je t'aime plus qu'hier, moins que demain.
I love you more than yesterday, less than tomorrow.

Les Musardises

Le seul rêve intéresse,
Vivre sans rêve, qu'est-ce?
Et j'aime la Princesse Lointaine.
The dream, alone, is of interest.
What is life, without a dream?
And I love the Distant Princess.

La Princesse Lointaine

Jean-Jacques Rousseau (1712-78)

Ce n'est pas ce qui est criminel qui coûte le plus à dire;
c'est ce qui est ridicule et honteux.
It is not criminal admissions which are hardest to
make, but those which are ridiculous and shameful.

Les Confessions

Je veux montrer à mes semblables un homme dans toute la
vérité de la nature; et cet homme, ce sera moi.
I want to show my fellow-men a man in all the
honesty of nature; and that man will be me.

Ibid.

L'argent qu'on possède est l'instrument de la liberté; celui
qu'on pourchasse est celui de la servitude.
The money we have is the means to liberty; that which
we pursue is the means to slavery.

Ibid.

L'éducation de l'homme commence à sa naissance; avant de parler, avant d'entendre, il s'instruit déjà.
Man's education begins at birth; before he can speak or hear, he is already learning.
  Emile, ou de l'Education

L'homme est né libre et partout il est dans les fers.
Man is born free, and everywhere he is in chains.
  Du Contrat Social

L'homme qui a le plus vécu n'est pas celui qui a compté le plus d'années, mais celui qui a le plus senti la vie.
The man who has lived most fully is not the one who has survived the most years,but the one who has been most aware of life.
  Emile ou de l'Education

La plus ancienne de toutes les sociétés, et la seule naturelle, est celle de la famille.
The oldest of all social groups, and the only natural one, is the family.
  Du Contrat Social

La puissance qui vient de l'amour des peuples est sans doute la plus grande.
Power that stems from popular affection is undoubtedly the greatest.
  Ibid.

*Le droit de premier occupant, si faible dans l'état de
nature, est respectable à tout homme civil.*
The right of the first occupant, so weak in the natural
world, is accepted by every civilised man.
Ibid.

*Le peuple anglais pense être libre, il se trompe fort; it ne
le'est que durant l'election des membres du parliament.
Sitot qui'ils sont elus, il est escalve, il n'est rien.*
The English believe themselves free, but they are quite
wrong; they are free only during the election of
members of parliament.Once the electionis over, they
are enslaved, they are nothing.
Ibid.

*Les hommes ne peuvent engendrer de nouvelles forces, mais
seulement unir et diriger celles qui existent.*
Man cannot generate new forces, only combine and
control existing ones.
Ibid.

*Les sages qui veulent parler au e leur langage au lieu du
sien n'en sauraient être entendus.*
Wise men who try to speak in a vulgar tongue instead
of their ownwill not be understood.
Ibid.

*On aime toujours ce qui est beau ou ce qu'on trouve tel;
mais c'est sur ce jugement qu'on se trompe.*
We always love what is good, or what we find good; it
is in judging this that we make mistakes.
Ibid.

Peuples libres, souvenez-vous de cette maxime: on peut acquérir la liberté; mais on ne la recouvre jamais.
Free nations, remember this maxim: one can gain liberty, but never recover it.
  Ibid.

Renoncer à sa liberté c'est renoncer à sa qualité d'homme, aux droits de l'humanité, meme àses devoirs.
To renounce our liberty is to renounce the nature of man, the rights and duties of mankind.
  Ibid.

Toute puissance vient de Dieu, je l'avoue; mais toute maladie en vient aussi.
All power derives from God, I agree; but so does all illness.
  Ibid.

Françoise Sagan (1935-2004)
Bonjour Tristesse.
Good morning, sadness.
  Title of novel

Je n'ai rien contre les drogues: simplement l'alcool me suffit et le reste me fait peur.
I have nothing against drugs, but alcohol suits me and the rest frightens me.
  La Garde du Coeur

Rien n'est plus affreux que le rire pour la jalousie.
To jealousy, nothing is more frightful than laughter.

   La Chamade

Antoine de Saint-Exupéry (1900-44)
On ne voit bien qu'avec le coeur.
We only see clearly with our hearts.

   Le Petit Prince

Charles Augustin Sainte-Beuve (1804-69)
La saturation, il y a un moment où cela vient dans ce repas qu'on appelle la vie; il ne faut qu'une goutte alors pour faire déborder la coupe de dégoût.
There is a moment in this meal we call life when saturation is reached; it needs only one drop more for the cup of disgust to overflow.

   Causeries du Lundi

St François de Sales (1567-1622)
Si la charité est un lait, la dévotion est la crème.
If charity is milk, devotion is the cream.

George Sand (1804-76)
Le vrai est trop simple, il faut y arriver toujours par le compliqué.
Truth is too simple, we always have to get there via the complicated.

   Lettres

Jean-Paul Sartre (1905-80)

Alors, c'est l'enfer. Je ne l'aurais jamais cru ...Vous vous rappele: le souffre, le bûcher, le gril ... Ah quelle plaisanterie. Pas besoin de gril, l'enfer, c'est les Autres.

So, that is what hell is.I would never have believed it. You remember, the sulphur, the funeral-pyre, the gridiron. Ah, what a joke. No need of a gridiron, hell is other people.

Huit Clos

L'existentialisme est un humanisme
Existentialism is a form of humanism.

Title of lecture

Comtesse de Ségur (1799-1874)

Quand on met son coeur avec son argent, la malédication de Dieu est dans la maison.

When the heart is set on money, the curse of God is on the house.

Un Bon Petit Diable

Mme de Sévigné (1626-96)

Ne cessez point d'être aimable, puisque vous êtes aimé.

Do not stop being lovable just because you are loved.

Lettres

Mme de Staël (1914-55)

En France, on étudie les hommes, en Allemagne, les livres.

In France they study men, in Germany books.

De l'Allemagne

Pourquoi demander au rossignol ce que signifie son chant?
Why ask the nightingale what its song means?
  Corinne ou l'Italie

Servin
L'esprit de nouveauté est capable d'abattre les édifices les plus solides.
The spirit of change is capable of overthrowing the most solid edifice.
  Les Réguliers

Abbé Sieyès (1748-1836)
J'ai vécu.
I survived.
  When asked what he did during the French Revolution

Georges Simenon (1903-89)
J'ai eu 10,000 femmes depuis l'age de 13 ans et demi. Ce n'était pas du tout un vice. Je n'ai aucun vice sexuel, mais j'avais besoin de communiquer.
I have had intercourse with 10,000 women since I was 13 and a half. This was in no way a vice. I have no sexual vices, but I had a need to communicate.

Charles Stanton (1859-1933)
Lafayette, nous voilà!
Lafayette, we [the American army] are here!
  At Lafayette's tomb in Paris, 4 July, 1917

Soulary (1815-91)

Tout bonheur que la main n'atteint pas n'est qu'un rêve.
The good fortune that we do not achieve is only a
dream.

Rêves Ambitieux

Hyppolyte Taine (1828-93)

*C'est un vin pur et généreux; mais nous avons bu trop du
nôtre.*
[Equality] is a pure and noble wine, but we have
drunk too much of ours.

Lettres

Charles Maurice de Talleyrand (1754-1838)

C'est le commencement de la fin.
It is the beginning of the end.

On the Hundred Days

*Qui n'a pas vécu dans les années voisines de 1789 ne sait
pas ce qu'est le plaisir de vivre.*
He who did not live in the years around 1789 does
not know what living is.

Surtout, Messieurs, point de zèle.
Above all, gentlemen, no zeal.

Alexis de Tocqueville (1805-59)

*Ce n'est pas toujours en allant de mal en pis que l'on tombe
en revolution ... Le régime qu'une révolution détruit vaut
presque toujours mieux que celui qui l'avait immédiatement
précédé, et l'expérience apprend que le momentl e plus*

dangereux pour un mauvais gouvernement est d'ordinaire celui où il commence à se réformer.

It is not always by going from bad to worse that a society falls into revolution ... The social order destroyed by a revolution is almost always better than that which immediately preceded it, and experience shows that the most dangerous moment for a bad government is generally that in which it sets about reform.

L'Ancien régime

En Amérique l'homme n'obéit jamais à l'homme, mais à la justice ou à la loi.

In America man never obeys man, but justice or the law.

De la Démocratie en Amérique

L'esprit français est de ne pas vouloir de supérieur. L'esprit anglais est de vouloir des inférieurs. Le Français lève les yeux sans cesse au-dessus de lui avec inquiétude. L'Anglais les baisse au-dessous de lui avec complaisance. C'est de part et d'autre de l'orgueil, mais entendu de manière différente.

The French want no-one to be their superior. The English want inferiors. The Frenchman constantly raises his eyes above him with anxiety. The Englishman lowers his beneath him with satisfaction. On either side it is pride, but understood in a different way.

Voyage en Angleterre et en Irlande de 1835

Les gouvernements périssent ordinairement par impuissance ou par tyrannie. Dans le premier cas, le pouvoir leur échappe; on le leur arrache dans l'autre.

Governments usually fall through impotence or tyranny. In the first case power eludes them; in the second it is taken from them.

De la Démocratie en Amérique

Qui cherche dans la liberté autre chose qu'elle-même est fait pour servir.
He who desires from liberty anything other than itself is born to be a slave.

L'Ancien régime

Alphonse Toussenel (1803-85)

Plus on apprend à connaître l'homme, plus on apprend à estimer le chien.
The more one gets to know of men, the more one values dogs.

L'Esprit des bêtes

Paul Valéry (1871-1945)

Certains ouvrages sont créés par leur public. Certains autres créent leur public.
Some works are created by their public, others create their public.

Choses Tues

Il faut entrer en soi-même armé jusqu'aux dents.
To enter into your own mind you must go armed to the teeth.

Quelques Pensées de Monsieur teste

La conscience règne et ne gouverne pas.
Conscience reigns and does not govern.
   Mauvaises Pensées

La gloire est une espèce de maladie que l'on prend pour avoir couché avec sa pensée.
Glory is a kind of sickness that we catch from sleeping with the thought of it.
   Choses Tues

La mort nous parle d'une voix profonde pour ne rien dire.
Death speaks to us in a profound voice to say nothing.
   Mauvaises Pensées

Le rire est un refus de penser.
Laughter is a refusal to think.
   Lust

Un homme sérieux a peu d'idées. Un homme à idées n'est jamais sérieux.
A serious-minded person has few ideas. People with ideas are never serious.
   Mauvaises Pensées

Un livre n'est après tout qu'un extrait du monologue de son auteur.
A book, after all, is just an extract from its author's monologue.
   Choses Tues

Marquis de Vauvenargues (1715-47)
Les maladies suspendent nos vertus et nos vices.
Illness suspends our virtues and our vices.
  Réflexions et Maximes

Pierre Vergniaud (1753-93)
Il a été permis de craindre que la Révolution, comme
aturne, dévorât successivement tous ses enfants.
There was reason to fear that the Revolution, like
Saturn, might devour in turn each one of her children.

Paul Verlaine (1844-96)
Il pleut dans mon coeur
Comme il pleut sur la ville;
Quelle est cette langueur
Qui pénètre mon coeur?
It rains in my heart, just as it rains on the town; what
is this melancholy that pierces my heart?
  Ariettes Oubliées

Les sanglots longs
Des violons
De l'automne
Blessent mon coeur
D'une langueur
Monotone.
The long-drawn sobs of the violins of autumn wound
my heart with a monotonous languor.
  Chanson d'Automne

O triste, triste était mon âme
A cause, à cause d'une femme.
Oh sad, sad was my heart, because of a woman.
   Ariettes Oubliées

Vigny (1797-1863)

Dieu, que le son du cor est triste au fond des bois!
God, how melancholy is the sound of the horn deep
in the woods.
   Le Cor

J'aime la majesté des souffrances humaines.
I love the majesty of human suffering.
   La Maison du Berger

Muet, aveugle et sourd au cri des créatures,
Si le ciel nous laissa comme un monde avorté,
Le juste opposera le dédain à l'absence
Et ne répondra plus que par un froid silence
Au silence eternel de la Divinité.
If heaven, dumb, blind, and deaf to the cry of
creatures, has abandoned us as an aborted world, the
just man will meet its absence with disdain, and
respond with a cold silence to the eternal silence of
the deity.
   Le Mont des Oliviers

Ne me laisse jamais seul avec la Nature, Car je la connais
trop pour n'en avoir pas peur.
Do not ever leave me alone with nature, for I know
her too well not to fear her.
   La Maison du Berger

Seul le silence est grand, tout le reste est faiblesse.
Only silence is great, all the rest is weakness.
>   La Mort du Loup

François Villon (c 1431-63)

Et Jeanne, la bonne Louraine,
Qu'Anglais brûlèrent à Rouen?
Où sont-ils, où, Vierge souveraine?
Mais où sont les neiges d'antan?
And the good Joan of Lorraine, whom the English
burned at Rouen? Where are they, where, queenly
Virgin? But where are the snows of yesteryear.
>   Ballade des Dames du Temps Jadis

Hé! Dieu, si j'eusse étudié
Au temps de ma jeunesse folle
Et à bonnes moeurs dédié,
J'eusse maison et couche molle.
Ah, God, if I had studied in my wild youth, and
cultivated good habits, I should have a home and a
soft bed.
>   Le Grand Testament

Paradis peint, où sont harpes et luz.
Painted paradise, with harps and lutes.

Pour un plaisir, mille douleurs.
For one pleasure, a million pains.
>   Ballade des Dames des Temps Jadis

Voltaire (1694-1778)

Aime la vérité, mais pardonne l'erreur.
Love truth, but forgive error.
   Deuxième Discours, de la Liberté

Ce corps qui s'appelle encore le saint empire romain n'était en aucune manière ni saint, ni romain, ni empire.
This entity which was called and still calls itself the Holy Roman Empire was in no way holy nor Roman nor an empire.

Dans ce meilleur des mondes possibles ... tout est au mieux.
All is for the best in this best of all possible worlds.
   Candide

Dans ce pays-ci il est bon de tuer de temps en temps un amiral pour encourager les autres.
In this country, it is good to kill an admiral from time to time, to encourage the rest. (About England, referring to the execution of Admiral Byng.)
   Ibid.

Il faut cultiver notre jardin.
We must cultivate our garden.
   Ibid.

Ils ne se servent de la pensée que pour autoriser leurs injustices, et n'emploient les paroles que pour déguiser leurs pensées.
They use thought only to justify their bad behaviour and words only to disguise their thoughts.

Je respecte mon Dieu, mais j'aime l'univers.
I respect my God, but I love the world.
  Poème sur le Désastre de Lisbonne

L'Abbé Guyot Desfontaines: Il faut que je vive.
D'Argenson: Je n'en vois pas la nécessité.
Desfontaines: I must live.
D'Argenson: I don't see why.
  Quoted by Voltaire

L'enthousiasme est une maladie qui gagne.
Fanaticism is a sickness that spreads.
  Lettres Philosophiques

La monarchie est le meilleur ou le pire des gouvernements.
Monarchy is the best or the worst of governments.
  Brutus

La patrie est où l'on vit heureux.
Our own country is where we live content.
  Le Siècle de Louis XIV

Le fruit des guerres civiles à Rome a été l'esclavage, et celui
des troubles d'Angleterre la liberté.
In Rome the product of civil war was slavery, in
England it was liberty.
  Lettres Philosophiques

Le mieux est l'ennemi du bien.
The best is the enemy of the good.

On dit que Dieu est toujours pour les gros bataillons.
God is said always to be on the side of the big
battalions.

On est gai le matin, on est pendu le soir.
Gay in the morning, hanged in the evening.
   Charlot

On meurt deux fois, je le vois bien;
Cesser d'aimer et d'être aimable,
C'est une insupportable mort;
Cesser de vivre, ce n'est rien.
We die twice, I see clearly; ceasing to love and be
loved is an unbearable death; ceasing to live is
nothing.
   Stances

Quel vicaire de village ne voudrait pas être Pape?
What parish priest would not wish to be Pope?
   Lettres Philosophiques

Quoi que vous fassiez, écrasez l'infâme, et aimez qui vous
aime.
Whatever you do, suppress what is disgraceful and
love those who love you.

Si Dieu n' existait pas, il faudrait l'inventer.
If God did not exist, it would be necessary to invent
him.
   Epîtres

Tous les genres sont bons, hors le genre ennuyeux.
All types of people are fine – except bores.
  L'Enfant Prodigue

Tout est bien, tout va bien, tout va le mieux qu'il soit possible.
Everything is fine, everything is going well, everything is going on as well as it possibly can.
  Candide

Tout Paris les condamne, et tout Paris les court.
All Paris condemns them and all Paris courts them.
  Lettres Philosophiques (of actors)

Un Anglais, comme homme libre, va au Ciel par le chemin qui lui plait.
An Englishman, being a free man, takes whatever road to heaven pleases him.
  Ibid.

Emile Zola (1840-1902)
J'accuse.
I accuse.
  Heading his letter about Dreyfus

Un jour, la France me remerciera d'avoir aide à sauver son honneur.
One day France will thank me for having helped to save her honour.
  La Vérité en Marche

INDEX

A

113

117

118

121